AF641366

AKADEMIE DEUTSCH A2$^+$

Zusatzmaterial mit Audios online
Band 2
Deutsch als Fremdsprache

Autorenteam:
Sabrina Schmohl
Britta Schenk
Sandra Bleiner
Michaela Wirtz
Jana Glaser

Unter Mitarbeit von
Heike Fahl
Susanne Gasda
Julia Gruß
Sonja Häffner
Carolin Renn
Michael Stetter
et al.

Fachliche Beratung:
Sprachenakademie Aachen

Hueber Verlag

Audios zum Zusatzmaterial

Sprecherinnen und Sprecher: Sandra Bleiner, Coralie Heilmann, Ingrid Schäfermeier, Helmut Sosnitza et al.

Produktion: Tonstudio 42 signals GmbH, Aachen

Die Audio-Dateien finden Sie in der *Hueber Media*-App und unter:
www.hueber.de/akademie-deutsch

5. 4. 3. | Die letzten Ziffern
2028 27 26 25 24 | bezeichnen Zahl und Jahr des Druckes.
Alle Drucke dieser Auflage können, da unverändert, nebeneinander benutzt werden.
1. Auflage

Design: ka:en (Tina Nordhausen), Aachen; Daniela Vrbanovic, D.A.N.dock, Aachen
Umschlaggestaltung: Daniela Vrbanovic, D.A.N.dock, Aachen; Sieveking Agentur, München
Layout und Satz: Patryk Szafron, 42 signals GmbH, Aachen; Sieveking Agentur, München
Redaktion: Sabrina Schmohl, Britta Schenk; Assistenz: Claire de Vries, Melanie Köllen, Sara Morrhad, alle 42 signals GmbH, Aachen
Druck und Bindung: Friedrich Pustet GmbH & Co. KG, Regensburg
Printed in Germany
ISBN 978-3-19-131650-1

Art. 530_27359_001_03

SEITE KAPITEL

1 VERBEN – MALTES STUDIENALLTAG

a) Ergänzen Sie die Verben in Klammern in der richtigen Form. Achten Sie auf die Zeit (Präsens und Perfekt bzw. Präteritum). Keine Lücke bleibt leer.

Antworten | Weiterleiten | Löschen

Von: malte25@p-mail.de
Betreff: AW: Wie geht's?
An: edda@p-mail.de

Hallo Edda,

(1) du ______ mir schon letzte Woche ______ (schreiben). (2) Leider ______ ich dir erst heute ______ (antworten können). (3) Ich ______ an der Uni so viel zu tun (haben)! (4) Nächste Woche ______ ich zum Beispiel eine Klausur ______ (schreiben müssen). (5) Das ______ die vierte Klausur in drei Wochen (sein)! (6) Wie ______ ich das alles ______ (schaffen sollen)? (7) ______ es mir bitte (sagen)! (8) Ich ______ es wirklich nicht (wissen)! (9) ______ du auch so viele Prüfungen (haben)? (10) Wie ______ du dich darauf ______ (vorbereiten)? (11) ______ du mir einen Tipp ______ (geben können)? (12) Ich ______ die ganze Zeit für die Prüfungen ______, aber an den Klausurtagen ______ ich natürlich wieder alles ______ (lernen, vergessen). (13) Aber ich ______ dich nicht mit meinem Kummer ______ (langweilen wollen). (14) Es ______ ja auch schöne Dinge (geben). (15) Denn eigentlich ______ mir das Studium Spaß und die Prüfungen ______ ja auch mal ______ (machen, vorbeigehen). (16) Was ______ du eigentlich in den Semesterferien (machen)? (17) ______ wir uns nicht mal wieder ______ (treffen wollen)? (18) Wir ______ uns zuletzt im März ______ (sehen). (19) Das ______ vor vier Monaten (sein). (20) In dieser Zeit ______ sehr viel ______ (passieren). (21) Ich ______ im April ______ und ich ______ dir unbedingt von meiner neuen WG ______ (umziehen, erzählen müssen). (22) Meine Mitbewohner ______ total nett (sein)! (23) ______ mir doch bitte bald (antworten)! (24) Und ______ mir ______, wann du Zeit hast (mitteilen). (25) Ich ______, ich ______ nicht mehr so lange für eine Antwort (hoffen, brauchen)! (26) ______ bitte (entschuldigen)!

Viele liebe Grüße
Malte

b) In der E-Mail kommen Aussagesätze, Fragen und Imperativsätze vor. Unterstreichen Sie die drei Satztypen in unterschiedlichen Farben.

2 SATZBAU – FRAGESÄTZE, AUSSAGESÄTZE UND IMPERATIV

Bilden Sie Sätze in der genannten Form. Manchmal gibt es mehrere Lösungen.

1 Fragesatz: lernen / du / Deutsch

2 Fragesatz: einladen / ihr / Elisabeth / zur Party / auch

3 Fragesatz: arbeiten müssen / deine Frau / am Sonntag

4 Aussagesatz: einschalten / ich / morgens / die Kaffeemaschine / zuerst

5 Aussagesatz: es gibt / morgen Mittag / in der Kantine / vegetarische Pizza

6 Aussagesatz: aufstehen / wir / gestern / um 5:30 Uhr / schon

7 Aussagesatz: untersuchen / der Arzt / die Patientin / gründlich / schon

8 Fragesatz: eintreffen / wann / der ICE aus München / endlich

9 Fragesatz: kaufen / wo / du / das neue Fahrrad

10 Imperativ: sein / Sie / zur Prüfung / pünktlich / bitte

11 Imperativ (du): aufmachen / bitte / das Fenster

12 Imperativ: unterschreiben / eure Anmeldungen / hier / bitte / unten

13 Aussagesatz: entwerten müssen / Sie / vor der Fahrt / das Ticket

14 Fragesatz: treffen sollen / wo / wir / Herrn Kaiser

15 Fragesatz: benutzen dürfen / du / ein Wörterbuch / bei der Prüfung

16 Aussagesatz: schenken wollen / Julian / eine Goldkette / seiner Freundin / zum Geburtstag

17 Fragesatz: ankommen / ihr / in Hamburg / gut / gestern

18 Fragesatz: brauchen / wie lange / man / von Köln / mit dem Zug / nach Stuttgart

19 Aussagesatz: da sein können / wir / nicht pünktlich / leider / beim letzten Mal

20 Aussagesatz: parken dürfen / hier / man / nur mit einem Parkausweis

3 ADJEKTIVE – LIEBE EVA

Setzen Sie die passenden Adjektive in den Text ein. Es gibt mehrere Lösungen.

alt | bequem | billig | breit | entfernt | freundlich | groß | hell | hoch | ~~hübsch~~ | italienisch | jung | lang | lecker | möglich | nett | schön | teuer | viel

Von: angela.kloeckner@p-mail.de
Betreff: Lebenszeichen
An: eva.plumm@p-mail.de

Antworten | Weiterleiten | Löschen

Liebe Eva,

endlich habe ich Zeit, dir zu schreiben! Wir sind letzte Woche umgezogen. Wir wohnen jetzt in einem Altbau, total hübsch (1). Das Haus ist über hundert Jahre ______ (2). Wie du weißt, haben Stefan und ich sehr ______ (3) nach einer günstigen Wohnung gesucht. In der Stadt sind die Wohnungen ja ziemlich ______ (4); ______ (5) ist kaum eine Wohnung. Unsere Wohnung liegt deshalb auch ein bisschen vom Zentrum ______ (6).
Aber die Zimmer sind ______ (7) und die Decken ______ (8) (ca. 3,90 Meter). Das Holz für die Fußböden ist ______ (9). Außerdem ist die Küche echt ______ (10). Endlich haben wir ______ (11) Platz zum Kochen und für Abendessen mit guten Freunden. (Wenn alles fertig ist, laden wir euch auf jeden Fall zum Abendessen ein!). Die Küche führt auf einen Balkon. Der ist total ______ (12) und dort scheint den ganzen Tag die Sonne – wenn sie scheint …
Der Vermieter ist auch sehr ______ (13). Er sagt, dass er mit seiner Frau auch lange nach einer schönen und bezahlbaren Wohnung gesucht hat, als er ______ (14) war. Er kennt also die Probleme, die bei der Wohnungssuche ______ (15) sind. Er hat sich sogar um Telefon und WLAN in der Wohnung gekümmert. Nur deshalb kann ich dir diese Mail überhaupt schicken. Und auch die Hausbewohner sind total ______ (16)!
So, das war's vom Umzug, ich muss jetzt weiter einräumen. Heute ist das Schlafzimmer dran; ich habe mir noch einen Sessel gekauft; der ist mega ______ (17). Heute Abend gehen wir in ein Restaurant in der Nähe, ______ (18). Dort gibt es Pasta, ______ (19)!

Viele Grüße
Angela

1 STUDIEREN IN DEUTSCHLAND

Bilden Sie aus den Buchstaben in Klammern passende Wörter.

1 In Deutschland s______ (uderntei) die meisten Studenten an einer U______ (nästivreit) oder einer Fachhochschule.

2 In jedem Studiengang muss man an V______ (neulongser) oder S______ (innermea) teilnehmen.

3 Für die P______ (ferungün) lernen viele Studenten zusammen mit ihren K______ (meinlotomin) in der ______ (bliitobekh).

4 Man beendet das S______ (dumitu) mit einem Bachelor- oder Mastera______ (lchbusss).

5 Für das Studium muss man jedes S______ (seeterm) den Semesterbeitrag bezahlen. Dann bekommt man einen S______ (ausdentutenweis).

6 Viele Studenten leben in einer W______ (mechsofthingena) oder im Studentenwohnheim, weil sie s______ (raenp) müssen.

2 GRÜNDE AUSDRÜCKEN – WARUM?

a) Beantworten Sie die Fragen frei mit *weil* oder *da*.

1 Warum bist du heute so müde?

Ich bin heute so müde, weil ich kaum geschlafen habe.

2 Warum braucht er eine neue Jacke?

______

3 Warum möchte er immer bei seiner Freundin sein?

______

4 Warum bist du letztes Wochenende nicht zu mir gekommen?

______

5 Warum hast du deine Eltern gestern nicht angerufen?

______

6 Warum fliegen die beiden im Sommer nach China?

______

7 Warum kommst du nicht mit nach Paris?

______

b) Formulieren Sie Ihre Antworten aus a) jetzt in Sätze mit *denn* um.

3 GRUND UND FOLGE AUSDRÜCKEN – *WEIL, DESHALB, DENN*

Formen Sie die Sätze um und nutzen Sie die vorgegebenen Wörter.

1 Jens findet sein Studium nicht so gut, denn es gibt zu wenige Praxiselemente.

weil: Jens findet sein Studium nicht so gut, weil es

deshalb: Es gibt zu wenige Praxiselemente, deshalb

2 Cornelia macht das Studium keinen Spaß, weil die Klausuren sehr schwer sind.

darum:

denn:

3 Lucy kann viele Fremdsprachen lernen. Deswegen gefällt ihr das Studium.

weil:

denn:

4 Da Alex die Natur liebt, studiert er Biologie.

denn:

deshalb:

4 SATZBAU – *WEIL, DESHALB, DENN*

Bilden Sie Sätze. Beginnen Sie mit dem unterstrichenen Satzteil und konjugieren Sie die Verben.

1 Sprachen / studieren / Julia / , / Linguistik / sie / interessant / finden / denn / .

Julia

2 Claudia / lernen / Französisch / , / sie / weil / ihr Studium / brauchen / die Sprache / für / .

3 Wir / mögen / Musik / , / wir / studieren / Musikwissenschaften / deshalb / beide / .

4 möcht- / Künstlerin / werden / Lisa / , / deshalb / studieren / sie / an der Kunstakademie / .

5 weil / Peter / singen / können / gut / , / studieren / er / an der Musikhochschule / .

6 gut / Peter / singen / können / , / deshalb / Opernsänger / wollen / er / werden / .

5 STUDIEN- ODER BERUFSWAHL

Schreiben Sie über Ihre Studienwahl oder Ihre Berufswahl.

- Was möchten Sie studieren? / Welches Studium bzw. welchen Beruf haben Sie gewählt?
- Warum haben Sie dieses Studium / diesen Beruf gewählt? Begründen Sie.

6 ZIMMERSUCHE

a) Hören Sie das Gespräch bei der Zimmersuche in einer WG und verbinden Sie.

1	Susi	a	2. Semester	A	Architektur
2	Leo	b	4. Semester	B	BWL
3	Tomek	c	1. Semester		

1	2	3

b) Lesen Sie die Fragen, hören Sie das Gespräch noch einmal und bearbeiten Sie die Aufgaben.

1 Richtig oder falsch? Kreuzen Sie an. Korrigieren Sie die falschen Sätze. Ändern oder streichen Sie so wenige Wörter wie möglich.

R	F	1	Leo besichtigt eine 3er-WG. Korrektur:
R	F	2	Susi wohnt am längsten in der WG. Korrektur:
R	F	3	Die Wohnung besteht aus Flur, Badezimmer, Küche und drei Schlafzimmern. Korrektur:
R	F	4	Das Zimmer sieht so aus wie auf den Fotos im Internet. Korrektur:
R	F	5	Das Zimmer ist 32 m^2 groß. Korrektur:
R	F	6	Das Bett kostet für Leo nicht viel. Korrektur:
R	F	7	Leo möchte keinen Kaffee trinken. Er möchte lieber ein Glas Wasser. Korrektur:
R	F	8	In der WG gibt es jede Woche einen neuen Putzplan. Korrektur:
R	F	9	Tomek und Susi können nicht gut kochen. Korrektur:
R	F	10	Leos Freunde kochen ganz gut. Korrektur:

2 Was ist falsch? Korrigieren Sie die Aussagen.

1 Leo ist bei Susi und Tomek, obwohl er ein Zimmer sucht.

2 Weil Susi und Tomek Partys mögen, feiern sie nicht jedes Wochenende.

3 Leo passt gut in die WG. Deshalb studiert er Architektur.

4 Leo möchte keinen Kaffee, deshalb gehen sie in die Küche.

5 Susi und Tomek hoffen, dass Leo kochen kann, obwohl sie selbst nicht kochen können.

7 TELEFONAT MIT EINEM FREUND / EINER FREUNDIN

Arbeiten Sie zu zweit. Person A hat gerade ein Studium in einer neuen Stadt begonnen. Person B ist neugierig und hat viele Fragen. Bereiten Sie sich zunächst auf Ihre Rollen vor und machen Sie sich Notizen. Spielen Sie dann das Telefonat zu zweit.

Person A:
Gehen Sie im Telefonat auf folgende Punkte ein:
- Was studieren Sie?
- Was gefällt Ihnen an Ihrem Studium am besten?
- Wo und wie wohnen Sie?
- Wie hat sich Ihr Leben verändert?

Person B:
Stellen Sie Ihrem Partner / Ihrer Partnerin Fragen zu folgenden Punkten:
- Studium
- Freizeit
- Wohnen
- Lernen
- Essen
- Kommilitonen
- Mitbewohner

8 KONZESSIVSÄTZE – *OBWOHL, TROTZDEM*

Formen Sie um. Aus *obwohl* wird *trotzdem* und umgekehrt.

1 Die Frau telefoniert, obwohl sie Auto fährt.

Die Frau fährt Auto. Trotzdem telefoniert sie.

2 Die Studenten sind in der Vorlesung. Trotzdem schlafen sie.

3 Der Mann ist unzufrieden, obwohl er reich ist.

4 Das Kind hat eine Verletzung. Trotzdem lacht es.

5 Er kauft ein Auto, obwohl er kein Geld hat.

6 Sie ist krank. Trotzdem macht sie Sport.

7 Wir sind pleite. Trotzdem fahren wir in den Urlaub.

8 Obwohl er die Prüfung nicht bestanden hat, hat er gute Laune.

9 DAS STUDIUM – EINE HERAUSFORDERUNG?

a) Lesen Sie die Wörterbucherklärung. Welche Herausforderung gibt/gab es in Ihrem Leben?

> **Her·aus·for·de·rung** *Substantiv* [*die*] [-*en*] | eine schwere, aber interessante Aufgabe | *Der neue Job im Ausland ist eine große Herausforderung für mich.*

b) Lesen Sie den Text. Ordnen Sie den Abschnitten Themen zu. Nicht alle Themen passen.

A	Wohnungssuche und Behörden	D	Hochschulsystem	G	Wohnen
B	Finanzierung	E	Lebensmittel	H	Zahl von ausländischen Studierenden
C	Nach dem Studium	F	Verkehr		

STUDIUM IN DEUTSCHLAND: EINE HERAUSFORDERUNG FÜR STUDIERENDE AUS DEM AUSLAND

Die Studentenzahl in Deutschland steigt von Jahr zu Jahr. Auch bei ausländischen Studenten ist die Bundesrepublik als Studienland sehr beliebt. Etwa 370.000 ausländische Studenten sind zurzeit an deutschen Universitäten und Fachhochschulen registriert. In Zukunft werden es noch mehr. Ausländische Studenten sind mit dem Studium in Deutschland zufrieden, obwohl es eine große Herausforderung für sie ist.

Für die meisten ist die Wohnungssuche am schwierigsten. Bei den Studentenwerken können ausländische Studenten Hilfe finden, denn sie bieten Beratung und Zimmer in Studentenwohnheimen an. Als zweite große Herausforderung nennen ausländische Studenten die Bürokratie. Man muss viele Dinge bei Behörden organisieren, und das ist ohne gute Deutschkenntnisse oft kompliziert. An einigen Hochschulen gibt es deshalb Mentorenprogramme für ausländische Studenten: Hier hilft man ihnen bei Behördengängen.

Für viele ausländische Studenten sind auch das Hochschulsystem und die Organisation vom Studium am Anfang sehr schwierig. Was ist eine Vorlesung? Wo ist Raum 1.345 in Gebäude C? Wie schreibt man eine Hausarbeit? Es gibt an jeder Hochschule ein International Office. Hier bekommen ausländische Studenten Antworten auf ihre Fragen. Da viele Dinge aber vor Semesterbeginn klar sein müssen, bieten die meisten Hochschulen Vorbereitungskurse für ausländische Studenten an. Hier lernen sie die Uni und das akademische System kennen und lernen in einem Deutschkurs auch den speziellen Hochschul-Wortschatz.

Ähnlich wie bei deutschen Studenten ist die Finanzierung des Studiums oft schwer. Aber es gibt Stipendien für ausländische Studenten. Das größte Stipendienprogramm mit mehreren Millionen Euro jährlich kommt vom DAAD (Deutscher Akademischer Austauschdienst).

Viele ausländische Studenten nutzen die Angebote und etwa jeder zweite ausländische Student bleibt nach dem Studienabschluss in Deutschland.

c) Bearbeiten Sie die Aufgaben zum Text.

1 Welche Unterstützung gibt es für ausländische Studenten bei ...?

Wohnungssuche:

Behördengängen:

Fragen zum Hochschulsystem:

Finanzierung des Studiums:

2 Richtig oder falsch? Kreuzen Sie an.

R	F	1	In Zukunft gibt es mehr als 370.000 ausländische Studenten in Deutschland.
R	F	2	Das Studium in Deutschland ist einfach. Deshalb sind viele ausländische Studenten zufrieden.
R	F	3	Manche ausländische Studenten gehen mit einem Mentor zu Behörden.
R	F	4	An jeder Hochschule gibt es in Raum 1.345 ein International Office.
R	F	5	Der DAAD unterstützt mehrere Millionen ausländische Studenten pro Jahr mit einem Stipendium.
R	F	6	50 % der ausländischen Studenten gehen nach dem Studium wieder in ihr Heimatland oder in ein anderes Land.

10 E-MAIL FÜR BEN

Setzen Sie die Wörter in die E-Mail ein. Für manche Lücken gibt es mehrere Möglichkeiten.

da | daher | darum | denn | deshalb | obwohl | trotzdem | weil

Von: StefanOS@p-mail.de
Betreff: Grüße aus der Bib
An: benny@p-mail.de

Antworten | Weiterleiten | Löschen

Hi Ben,

wie geht's? Ich schreibe dir aus der Bibliothek. Ich mache eine kurze Lernpause, _______ (1) ich mich einfach nicht mehr konzentrieren kann. Ich bin schon seit 5 Stunden hier!!!
Ich lerne gern in der Bib, _______ (2) man hier die Geräusche und den Lärm von den anderen Studenten hört. Meine Freunde lernen auch hier, wir essen gemeinsam und machen gemeinsam „Feierabend“, das motiviert mich. _______ (3) ist es für mich hier besser, als zu Hause zu lernen, _______ (4) zu Hause mache ich lieber tausend andere Dinge. Ich putze sogar lieber, als zu lernen!
A propos zu Hause: Du weißt ja, dass mein WG-Zimmer viel zu teuer ist, _______ (5) habe ich nach einem billigeren Zimmer gesucht. Das war superschwer, _______ (6) Heidelberg einfach eine sehr beliebte Studentenstadt ist. _______ (7) habe ich ein günstiges Zimmer gefunden! In einem Monat kann ich dort einziehen.
Okay, ich muss weitermachen! Schreib mir bald von dir!

LG Stefan

11 KOMPARATIV

a) Welches Adjektiv passt zu welchem Bild? Wie lautet das Gegenteil? Ergänzen Sie.

dunkel | ernst | hoch | langsam | scharf | schmutzig | schwach | weich

1 ___ ↔ ___

2 ___ ↔ ___

3 ___ ↔ ___

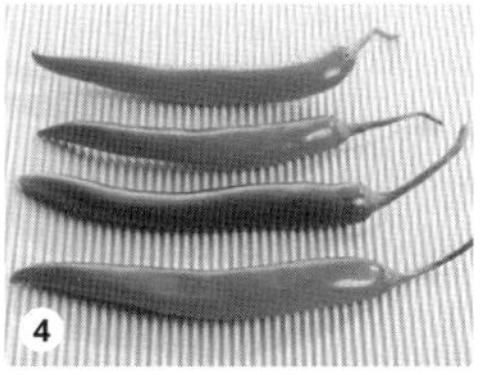
4 ___ ↔ ___

5 ___ ↔ ___

6 ___ ↔ ___

7 ___ ↔ ___

8 ___ ↔ ___

b) Ergänzen Sie passende Adjektive aus a) im Komparativ. Manchmal gibt es mehrere Lösungen.

1 Der Burj Khalifa ist ___ als das Empire State Building.
2 Das Zimmer von meinem Sohn Paul ist viel ___ als das von seiner Schwester.
3 Abends ist es ___ als mittags.
4 Beim 500-m-Lauf war sie leider ___ als ihre Gegner.
5 Er isst sein Frühstücksei immer ___ als sie. Er kocht es 6 Minuten, sie kocht ihr Ei 10 Minuten.
6 Ronny ist viel ___ als seine Schwester. Sie macht ständig Witze.
7 Beim Boxkampf hat sich gezeigt: Klitschko war viel ___ als sein Gegner.
8 Chilis sind deutlich ___ als Pfeffer.

12 SUPERLATIV

Bilden Sie den Superlativ.

1 Was willst du studieren? – Informatik gefällt mir ___ (gut).
2 Diese Studentin ist ___ (begabt).
3 An meinem Studium finde ich den Praxisteil ___ (spannend).
4 Die Klausuren im ersten Semester waren ___ (schlimm).
5 Die Wohnungssuche ist in einer Universitätsstadt ___ (schwierig).
6 In einem Wohnheim zu wohnen, ist ___ (billig).
7 Freunde zu finden, ist im Studium ___ (einfach).
8 Mein WG-Zimmer ist ___ (klein).

13 VERGLEICHE – *WIE* ODER *ALS*?

Ergänzen Sie *wie* oder *als*.

1 Er läuft nicht so schnell ______ sein Bruder.

2 Der Tisch kostet genauso viel ______ der Sessel.

3 Derya hat mehr Lust auf ein Kartenspiel ______ auf Schach.

4 Am Tag ist es heller ______ in der Nacht.

5 Frieda hat nicht so viel Geld ______ Daniel. Er hat mehr ______ sie.

6 Fei ist schlechter in Mathematik ______ Jun.

7 Heute ist es genauso schön ______ gestern.

8 Von Aachen ist es nach Köln genauso weit ______ nach Düsseldorf.

9 Der Eiffelturm in Paris ist höher ______ der Funkturm in Berlin.

10 Ein Panther läuft schneller ______ ein Hund.

11 Patrizia ist so schön ______ ein Filmstar.

14 NOCH MEHR VERGLEICHE

a) Vervollständigen Sie die Sätze.

1 Das Leben in Deutschland ist ______ als ______

2 Das Essen hier ist genauso ______ wie ______

3 Ich habe hier mehr Freunde als ______

4 Ich habe hier genauso viel ______ wie ______

5 Meine Unterkunft ist ______

6 Ich kann hier besser ______

7 Ich kann hier nicht so gut ______

b) Vergleichen Sie die drei Dinge miteinander. Benutzen Sie in jedem Satz ein anderes Adjektiv.

1 Rot – Grün – Blau

Ich finde Rot schöner als Blau, aber Grün finde ich am schönsten.

2 Eis – Salat – Pizza

______

3 Fahrrad – Auto – Flugzeug

______

4 Kino – Sport – Lernen

______

5 Hose – Handy – Haus

______

c) Bilden Sie Sätze mit dem Superlativ.

1 gern essen: Am liebsten esse ich

2 schwierig finden:

3 viel mögen:

4 gut können:

5 hübsch finden:

d) Schreiben Sie einen Text und vergleichen Sie Deutschland mit Ihrem Heimatland. Benutzen Sie in Ihrem Text die Steigerungsformen Komparativ und Superlativ und bilden Sie Vergleichssätze. Sie können zum Beispiel über das Essen, die Größe, das Wetter oder die Leute schreiben.

15 VERGLEICHE – STUDIUM UND FINANZEN

Was ist richtig? Kreuzen Sie an. Mehrere Sätze können richtig sein.

1 Durchschnittsstudent: 684 €, Student 1: 600 €, Studentin 2: 1.100 €

- **A** Ein Durchschnittsstudent ist reicher als Student 1, aber Studentin 2 ist am reichsten.
- **B** Student 1 ist nicht so reich wie Studentin 2.
- **C** Student 1 ist genauso reich wie ein Durchschnittsstudent.

2 Student 1: 310 € Miete, 10 € Handy, 20 € Sport

- **A** Die Kosten für die Miete sind am höchsten.
- **B** Die Kosten für das Handy sind am niedrigsten.
- **C** Die Kosten für Sport sind höher als die Kosten für die Miete.
- **D** Die Kosten für das Handy sind halb so hoch wie die Kosten für Sport.

3 Studentin 2: Ausgehen = Hobby, Sparen = langweilig

- **A** Sparen ist für Studentin 2 am wichtigsten.
- **B** Sparen ist für Studentin 2 nicht so interessant wie Ausgehen.
- **C** Ausgehen macht Studentin 2 mehr Spaß als Sparen.

16 SÄTZE BILDEN

Arbeiten Sie zu dritt und bilden Sie Sätze.

- Nehmen Sie 5 Zettel und schreiben Sie auf jeden Zettel ein einfaches Nomen, ein einfaches Verb und ein einfaches Adjektiv. Legen Sie die Zettel verdeckt auf einen Stapel.
- Decken Sie nun einen Zettel auf und würfeln Sie. Bilden Sie mit mindestens zwei von den Wörtern auf dem Zettel einen Satz mit:

⚀ oder ⚃ = weil — *Ich räume die Hose weg, weil ich ordentlich bin.*
Ich räume die Hose weg, obwohl sie nicht mir gehört.
⚁ oder ⚄ = obwohl — *Die blaue Hose ist schöner als die schwarze Hose.*
Die Hose ist schöner, als ich erwartet habe.
⚂ oder ⚅ = Vergleichssatz — *Die blaue Hose ist am schönsten.*

1 INFINITIV

a) Formulieren Sie Anweisungen im Infinitiv.

1 (Tipp vom Lehrer vor dem Test) bleiben: ruhig / immer / !

Immer ruhig bleiben!

2 (Schild an einer Garage) freihalten: Einfahrt / Tag / Nacht / und / !

3 (Schild am Hauseingang) rauchen: bitte / gesamten Gebäude / nicht / im / !

4 (Aufschrift auf einer Saftflasche) schütteln: dem Öffnen / gut / vor / !

b) Es gibt Verben mit einem zweiten Verb im Infinitiv (Modalverben, einige andere Verben). Bilden Sie Sätze.

1 fahren müssen: ich / morgen / Frankfurt / nach / .

Morgen muss ich nach Frankfurt fahren.

2 bleiben wollen: wir / zu Hause / heute / ?

3 einkaufen gehen: ich / gerne / abends / nicht / .

4 sitzen bleiben: Sie / doch / !

5 besuchen kommen: du / am Wochenende / mich / ?

6 stehen können: ich / bis zur / Haltestelle / nächsten / .

7 machen können: was / man / bei Liebeskummer / ?

8 schwimmen gehen: Fritz / seinem Vater / mit / sonntags / .

9 schreien hören: Oje / , / ich / meinen Sohn / schon wieder / .

10 essen gehen können: wo / man / gut / günstig / und / ?

2 FRAGEWÖRTER

a) Setzen Sie ein passendes Fragewort ein und ordnen Sie die Antworten zu.

wann | was | warum | wer | wen | wem | wie | wie lange | wo | woher | wohin

1 ______ wird das Wetter morgen?
2 ______ gehören die schmutzigen Schuhe?
3 ______ ist Leo?
4 ______ kommt dein neuer Mitbewohner?
5 ______ trefft ihr heute Abend?
6 ______ dauern deine Semesterferien?
7 ______ machst du in den Semesterferien?
8 ______ fährst du heute nicht mit dem Fahrrad?
9 ______ ist mein Handy?
10 ______ hast du Geburtstag?
11 ______ gehst du zum Mittagessen?

A Meinem neuen Mitbewohner.
B In die Mensa.
C Weil es kaputt ist.
D Ein paar Kommilitonen.
E Mein neuer Mitbewohner.
F 12 Wochen!
G Aus Italien.
H Auf dem Küchentisch.
I Am 11. August.
J Ein Praktikum.
K Keine Ahnung, aber ich hoffe auf Sonnenschein.

1	2	3	4	5	6	7	8	9	10	11

b) Spielen Sie ein Kettenspiel. Eine Person nennt ein Fragewort aus a). Die Person rechts daneben ergänzt die Frage und ruft eine andere Person auf. Diese Person antwortet auf die Frage und nennt dann ein neues Fragewort. Ihr rechter Nachbar / Ihre rechte Nachbarin ergänzt die Frage und so weiter.

Person 1: *Wie ...*
Person 2: *... alt bist du?*
Person 3: *Ich bin 21 Jahre alt. Wie lange ...*
Person 4: *... lernst du schon Deutsch?*
Person 5: *Ich ...*

1 DIE VIER JAHRESZEITEN

Ergänzen Sie die passenden Jahreszeiten.

1. Es ist kühl, oft windig bis stürmisch, manchmal gibt es Gewitter. Die Temperaturen erreichen meist nur 10 °C. Die Blätter an den Bäumen werden bunt. Das ist der ____________.
2. Es ist warm, manchmal sogar heiß. Die Höchsttemperaturen steigen bis auf 30 °C. Die Blumen blühen und Obst und Gemüse werden reif. Es ist sonnig. Das ist der ____________.
3. Es ist kalt und oft fällt Schnee. Die Tiefsttemperaturen betragen bis -10 °C. Es friert und die Straßen werden glatt. Das ist der ____________.
4. Es ist warm und die Natur wird grün. Manchmal ist es heiter, manchmal bewölkt und windig bei 12 bis 20 °C. Das ist der ____________.

2 TE-KA-MO-LO

a) Bilden Sie Sätze. Bringen Sie die Angaben in die richtige Reihenfolge und konjugieren Sie das Verb.

1. fahren: ich / mit dem Auto / wegen der Zugausfälle / am Freitag / in die Stadt
2. kommen: er / unpünktlich / zu seinem Termin / wegen der Bahnverspätung
3. gehen müssen: sie / direkt / nach der Vorlesung / zu ihrem Arbeitsplatz
4. Urlaub machen: wir / wegen des schlechten Wetters / lieber / im Süden / dieses Jahr
5. einschlafen (Perfekt): das Kind / ganz friedlich / in seinem Bett / gerade eben
6. fahren (Perfekt) // schlafen (Perfekt): wir / ins Stadtzentrum / erst gegen Mittag / mit der U-Bahn // weil / zu lange / wir

b) Bilden Sie in Gruppen reihum einen Satz. Jede Person darf nur eine Information ergänzen. Der Satz muss grammatisch richtig sein!

Person 1: *Ich fahre nach Berlin.*
Person 2: *Ich fahre morgen nach Berlin.*
...

3 WIE IST, BLEIBT ODER WIRD DAS WETTER?

Ergänzen Sie die Verben *sein*, *bleiben* und *werden* in der passenden Form und die fehlenden Wörter zum Wetter.

Hallo Jakob, wie geht's? Viele Grüße aus dem „schönen" Wuppertal. Das Wetter hier ... Gestern ___ es echt mies! ___ ___ den ganzen Tag ___. Ich hoffe, dass das nicht die ganze Woche so ___, ich bin doch im Urlaub!

Kopf hoch! Nur, weil das Wetter gestern nicht gut ___, heißt das nicht, dass es die ganze Woche so ___. Bestimmt ___ ___ morgen ___ !

Du hast keine Ahnung ... Der Wetterbericht sagt, es ___ noch schlimmer: ___, und starker ___.

Ach, wenn ___ nicht ___, ___ doch alles gut!

4 WETTERVORHERSAGE

a) Lesen Sie die Wettervorhersage und ordnen Sie die Wettersymbole zu. Ein Symbol brauchen Sie zweimal.

Heute ist es im Norden bewölkt und es gibt starke Windböen im Nordosten. Südlich der Donau bleibt es meist trocken und sonnig. Nachmittags kommen von Westen dichte Wolken mit Regen. Im Regen erreichen die Temperaturen nur 15 bis 20 Grad, mit Sonnenschein 21 bis 25 Grad. Höchsttemperaturen gibt es im Süden mit bis zu 27 Grad.

Am Wochenende ist es sonnig und die Temperaturen steigen bis 30 Grad. Ab Samstag gibt es im Süden Gewitter. Dann ist es nachts nur noch zwischen 13 und 15 Grad warm, tagsüber bis 24 Grad.

1
2
3
4
5

heute

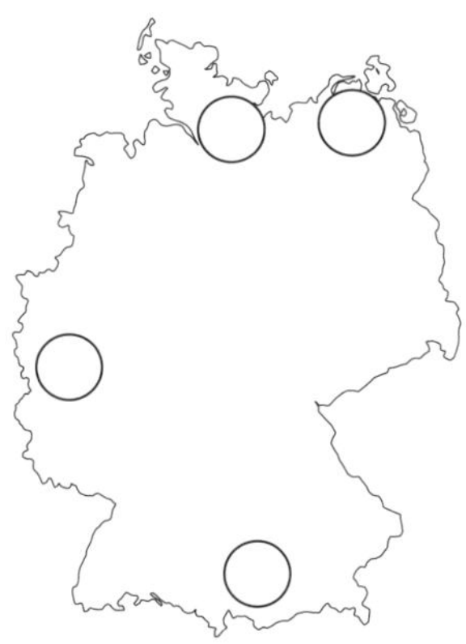

Samstag

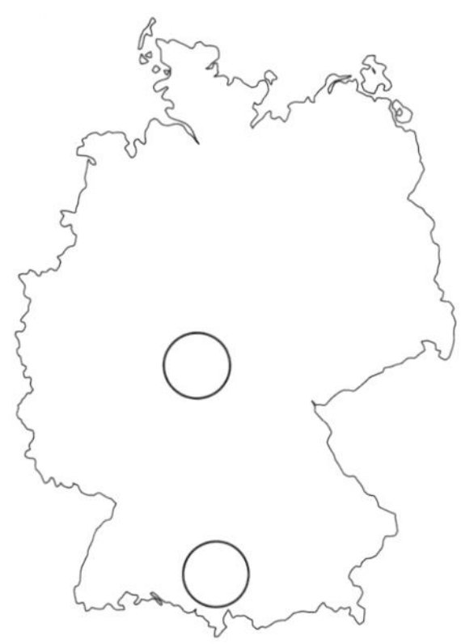

b) Recherchieren Sie das Wetter im Internet und sprechen Sie dann zu zweit über das Wetter.

Weißt du, wie das Wetter heute / morgen wird?

Person A:
Recherchieren Sie, wie das Wetter an Ihrem Wohnort **heute** wird. Berichten Sie dann Ihrem Partner / Ihrer Partnerin.

Person B:
Recherchieren Sie, wie das Wetter an Ihrem Wohnort **morgen** wird. Berichten Sie dann Ihrem Partner / Ihrer Partnerin.

5 STÜRME, FLUTEN, TROCKENHEIT

a) Lesen Sie die Wörter und die Erklärungen bzw. sehen Sie die Bilder an. Ordnen Sie zu.

1 das Treibhaus, ¨-er
2 wirtschaftliche Verluste (Pl.)
3 das Kohlendioxid, /
4 die Trockenheit, /
5 das Ufer, -
6 der Kunde, -n
7 die Kohle, -n
8 die Scheibe, -n
9 das Gas, /
10 der Klimawandel, /
11 die Flut, -en
12 überfluten

A das Klima wird wärmer
B der Rand von einem Fluss, See oder Meer
C eine Person, die etwas einkauft
D man verliert Geld
E das Land ist trocken, weil es lang nicht geregnet hat
F das Hochwasser, /
G wie Luft, man kann es nicht sehen
H Wasser fließt über das Land
I im Fenster, meistens aus Glas
J CO_2

K

L

1	2	3	4	5	6	7	8	9	10	11	12

b) Ergänzen Sie die Sätze mit den Wörtern aus a) in der passenden Form. In Klammern finden Sie Tipps.

1 Jeden Tag kommen mehrere hundert ________ in den Supermarkt. (Personen)

2 Bei Hochwasser steigt das Wasser im See und das ________ wird nass. (Rand)

3 Im Frühling ist es noch zu kalt. Tomaten können nur im ________ wachsen. (aus Glas)

4 ________ kann man verbrennen. Dann wird es warm. (Man grillt auch damit.)

5 Die ________ von deinem Fenster sind wirklich schmutzig. Putz sie mal wieder! (aus Glas)

6 Es gibt eine Wirtschaftskrise. Viele Firmen machen ________. (keine Gewinne)

c) Lesen Sie die Aufgaben. Hören Sie dann den Text (zweimal) und beantworten Sie die Fragen.

1 Nennen Sie drei Beispiele für extreme Wetterlagen.

- ________
- ________
- ________

2 Wie viel Regen kann bei schweren Unwettern fallen? ______ pro Stunde und m²

So viel Regen fällt normalerweise ______.

3 Kreuzen Sie an: Richtig oder falsch?

R	F	1	Stürme können Wälder zerstören.
R	F	2	Trockenheit kann für Landwirte hohe Kosten verursachen.
R	F	3	Bei Trockenheit muss man Obst und Gemüsepflanzen exportieren.
R	F	4	Wenn es lange trocken ist, gehen die Kunden weniger einkaufen.
R	F	5	Wenn es lange stark regnet, steigen Flüsse und Bäche über die Ufer.
R	F	6	Hochwasser kann die Folgen großer Trockenheit zum Teil ausgleichen.
R	F	7	Ganze Regionen, Städte und Dörfer können Hochwasser haben.

4 Wann hat sich das Klima nach Meinung von Experten verändert? ______

5 Um wie viel Grad ist die Temperatur im Durchschnitt angestiegen? ______

6 Ergänzen Sie.

In einigen Regionen ist die Jahrestemperatur ______,

in einigen Regionen ist die Jahrestemperatur ______.

7 Woher bekommt man Energie?

Man benutzt ______, ______ und ______.

8 Ergänzen Sie.

Kohlendioxid (CO_2) liegt wie eine ______ um die Erde (um die Atmosphäre).

9 Ergänzen Sie.

Die Wärme der Sonne kommt ______,

sie kann aber nicht ______.

Dadurch ______.

10 Wie nennt man diesen Effekt? ______

11 Warum ist der Effekt gefährlich?

______

6 ICH DENKE, DASS ...

a) Ergänzen Sie *dass*-Sätze.

1 Was denken Sie über das Essen in Deutschland?

Ich denke, dass ______

2 Wie finden Sie die Musik in Ihrer Heimat?

Ich finde, ______

3 Wie ist Ihre Meinung zu Ihrem aktuellen Wohnort?

4 Was denken Sie über deutsches Kino?

5 Wie wird in drei Tagen das Wetter? Was vermuten Sie?

6 Was gefällt Ihnen an der deutschen Sprache?

7 Was denken Sie über Ihre Nachbarn?

b) Formen Sie die Sätze aus a) um. Bilden Sie uneingeleitete *dass*-Sätze (ohne *dass*).

7 *ZU*-INFINITIV

a) Was passt am besten? Ordnen Sie zu.

1	Es ist wichtig,	A	3 Kilo abzunehmen.
2	Das Model hat vor,	B	gewinnen zu können.
3	Der Sportler hofft,	C	jeden Tag die Hausaufgaben zu machen.
4	Die Präsidentin ist es gewohnt,	D	um 6:00 Uhr aufzustehen.

1	2	3	4

b) Ergänzen Sie die Sätze mit *zu*-Infinitiv. Wählen Sie passende Aktivitäten oder ergänzen Sie frei.

3 Kilo abnehmen | bei der Sprachschule anrufen | bis 12:00 Uhr schlafen | besser Deutsch sprechen | einen Text schreiben | faulenzen | fernsehen | im Park spazieren gehen | ins Kino gehen | keine Hausaufgaben machen | nach Hawaii fliegen | sonntags einkaufen können | tanzen | um 6:00 Uhr aufstehen müssen | ...

1 Es ist teuer(,)

2 Wir haben die Möglichkeit(,)

3 Ich finde es aufregend(,)

4 Er fängt an(,)

5 Tina hat vor(,)

6 Hast du die Absicht(,)

7 Meine Oma war es gewohnt(,)

8 Ich finde es super(,)

9 Tom fängt morgen an(,)

c) Bilden Sie Sätze mit *zu*-Infinitiv.

1 hassen // sein: es / Ich // unpünktlich / .

2 es gibt // öffnen: Probleme // auf der Webseite / das Video / .

3 vergessen // anrufen / absagen: Meine Freundin / gestern // mich / unsere Verabredung / und / .

4 freuen // gehen: auch / ihr / euch // zum Konzert / morgen / ?

5 sein // schwimmen: im Meer / bei Flut / Es / verboten /.

6 versprechen // zurückrufen: Ich / dich / ganz früh / morgen / .

7 planen // reisen: nach Vietnam / Die Freundinnen / im nächsten Jahr / .

8 sein // essen: alleine / Der alte Mann / gewohnt / es / .

9 hoffen // bestehen können: die Prüfung / Die Studenten / .

10 vorhaben // umziehen: Familie Schuster / nach Magdeburg / noch in diesem Jahr / .

d) Sprechen Sie in Kleingruppen: Was ist typisch für das Heimatland von Ihren Partnern/Partnerinnen? Stellen Sie Fragen mit *zu*-Infinitiv und geben Sie Antworten zu Ihrem eigenen Heimatland.

Mahmoud, ist es in Ägypten typisch, Tee zu trinken? – Ja, es ist typisch, Tee zu trinken. Wir ...
Hannes, ist es in Österreich typisch, zu wandern? – Ja, ...

8 *ZU*-INFINITIV MÖGLICH?

Kann man die *dass*-Sätze mit *zu*-Infinitiven ersetzen oder nicht? Wenn ja, formulieren Sie sie um. Wenn nicht, machen Sie einen Strich (/).

1 Die Kinder haben die Erlaubnis, dass sie sich den Film im Kino ansehen.

2 Ich habe die Möglichkeit, dass ich in Deutschland studiere.

3 Er schlägt vor, dass er heute kocht.

4 Es ist schön, dass du heute kommst.

5 Ich finde es schade, dass du nicht zur Ausstellung kommen willst.

6 Er hat den Wunsch, dass seine Freundin bald kommt.

7 Er hofft, dass er die Prüfung nicht wiederholen muss.

8 Wir finden es langweilig, dass wir so viele Übungen machen müssen.

9 Er hat vergessen, dass sie heute Geburtstag hat.

9 INDIREKTE FRAGEN – KEVINS NEUER LEHRER

Kevin bekommt einen neuen Lehrer. Da will er viele Dinge wissen. Ergänzen Sie indirekte Fragen.

1 Kevin fragt, wie der Lehrer heißt.
Der Lehrer antwortet, dass er Jan heißt.

2 Kevin fragt,
Der Lehrer antwortet, dass er aus Schweinfurt kommt.

3 Kevin fragt,
Der Lehrer erklärt, dass Schweinfurt in Franken liegt, im Norden von Bayern.

4 Kevin fragt,
Der Lehrer sagt, dass er zwei Schwestern hat.

5 Kevin fragt,
Der Lehrer erzählt, dass er keine Kinder hat.

6 Kevin fragt,
Der Lehrer erklärt, dass er keine Kinder hat, weil er Single ist.

7 Kevin fragt,
Der Lehrer sagt, dass er um halb sieben aufgestanden ist.

8 Kevin fragt,
Der Lehrer antwortet, dass er kein Auto hat.

9 Kevin fragt,
Der Lehrer nickt und sagt, dass er mit dem Bus zur Arbeit fährt.

10 Kevin fragt, (eigene Idee)
Der Lehrer rollt mit den Augen* und sagt, dass jetzt alle einen Text schreiben sollen.

*mit den Augen rollen = generft sein

10 INDIREKTE FRAGEN UND ANTWORTEN – INTERVIEW MIT POLITIKERN

Spielen Sie ein Interview. Eine Person ist der deutsche Bundeskanzler / die deutsche Bundeskanzlerin. Er/Sie wählt einige Minister und Ministerinnen:

- Finanzminister (Geld)
- Bildungsminister (Schule, Ausbildung)
- Wirtschaftsminister (Ökonomie)
- Umweltminister (Umwelt, Tiere)
- Verkehrsminister (Straßen, Busse, Bahnen)
- Gesundheitsminister (Ärzte, Krankenhäuser)

Die anderen Personen sind Journalisten und Journalistinnen. Sie führen ein höfliches Interview mit den Politikerinnen und Politikern und stellen Fragen.

Können Sie mir sagen, wie ...?
Entschuldigen Sie, darf ich Sie fragen, ob ...?
Wissen Sie vielleicht, warum ...?
Entschuldigung, ich möchte wissen, ...

Die Politikerinnen und Politiker antworten mit Fantasie. Aber natürlich antworten sie nicht immer. Manchmal wollen, können oder dürfen sie keine Antwort geben.

Ich kann Ihnen nicht sagen, wie ...
Ich möchte nicht sagen, ob ...
Ich darf Ihnen leider nicht sagen, ...

Indirekte Antworten funktionieren wie indirekte Fragen.

11 *DASS*, *WEIL* UND INDIREKTE FRAGEN – KEVIN IST ZU SPÄT

Ergänzen Sie *dass*, *weil* oder ein indirektes Fragewort (*ob*, *warum*, *wie* usw.).

Der Lehrer ist überrascht, ________ (1) Kevin heute fast zwei Stunden zu spät zum Kurs kommt. Er fragt, ________ (2) er zu spät ist. Kevin sagt, ________ (3) er zu spät ist, ________ (4) der Bus nicht gekommen ist und er 20 Minuten warten musste. ________ (5) dann ein Mann gesagt hat, ________ (6) der Bus gar nicht mehr kommt, ________ (7) er kaputt ist, ist Kevin zur Sprachschule gelaufen. Außerdem erklärt Kevin, ________ (8) er auf dem Weg eine Pause machen musste, ________ (9) es plötzlich sehr stark geregnet hat. Der Lehrer fragt Kevin, ________ (10) er keinen Regenschirm dabei hatte, und Kevin antwortet, ________ (11) er einen Regenschirm hatte. Aber plötzlich war der Wind extrem stark und der Schirm ist weggeflogen. Die anderen Schüler lachen und fragen Kevin, ________ (12) er dann gemacht hat. Kevin erklärt, ________ (13) er dann leider in ein Café gehen musste, ________ (14) es auf der Straße ja viel zu gefährlich war. Erst eine Stunde später konnte er wieder weitergehen, ________ (15) das Wetter dann besser. Aber das alles war natürlich nicht seine Schuld! „Komisch", sagt der Lehrer, „hier hat die ganze Zeit die Sonne geschienen ..."

12 STELLUNGNAHME – HAUSAUFGABEN

a) Lesen Sie die Aufgabenstellung. Was ist das Thema?

> Schreiben Sie einen Text über Hausaufgaben. Bearbeiten Sie folgende Punkte:
> - Vorteile von Hausaufgaben
> - Nachteile von Hausaufgaben
> - Ihre persönliche Meinung: Soll es Hausaufgaben geben oder nicht?

b) Lesen Sie Kevins Text zur Aufgabenstellung von a). Der Text hat sehr viele Fehler. Korrigieren Sie sie und machen Sie Kommentare zur Gliederung im Rand.

In Deutschunterricht gibt es jeden Tag Hausaufgaben. Alles in allem denke ich, dass Hausaufgaben total lame sind.

Anderseits, Hausaufgaben sind total doof, weil man braucht viel Papier und Stiften. Die Hausaufgaben wiederholen die Wörter und der Grammatik aus dem Unterricht und das ist langweilig, weil man das schon kennt. Hausaufgaben sind ungesund, zum Beispiel man bekommt Rückenschmerzen.

Hausaufgaben sind einerseits supercool, weil man nach dem Unterricht keine Langeweile hat. Es ist auch gut für die Wirtschaft, dass man Hausaufgaben macht, denn er muss Papier gekauft. Am besten ist, dass man dem Hund die Hausaufgaben geben kann und er kann das Papier fressen (Liebe Lehrerin, deshalb habe ich meine Hausaufgaben nie).

In diesem Text, es geht um die Frage, wie Hausaufgaben gut ist? Hoffentlich verstehst du, dass es keine hausaufgaben mehr geben muss!!!

c) Machen Sie es besser als Kevin. Schreiben Sie selbst eine Stellungnahme zur Aufgabenstellung aus a). Ergänzen Sie dazu vorab die Gliederung. Achten Sie auf eine logische Reihenfolge der Vor- und Nachteile. Benutzen Sie in Ihrer Stellungnahme auch die Redemittel.

		Redemittel
Einleitung	Zentrale Frage: ______	*In diesem Text geht es um die Frage, ... / Man stellt die Frage, ...*
Hauptteil	______	*einerseits ... – andererseits ...*
	• ______	
	• ______	*denn*
	• ______	*weil* *deshalb*
(nicht gleich)	______	*zum Beispiel*
	• ______	
(gleich)	• ______	
	• ______	
Schluss	Meine Meinung: ja, wichtig	*Alles in allem denke ich, dass ...*

1 *WERDEN* ALS VOLLVERB

Ergänzen Sie *werden* in der richtigen Form. Manchmal gibt es noch ein Modalverb (in Klammern). Achten Sie auf die Zeit (Präsens, Präteritum oder Perfekt) und schreiben Sie ein Wort pro Lücke.

1 Wie ______ das Wetter morgen?

2 Als Kind ______ ich Astronaut ______, ... (+ *wollen*)

3 ... aber schließlich ______ ich Ärztin ______.

4 Sie sind krank? Dann ______ Sie schnell wieder gesund!

5 In den letzten zehn Jahren ______ Computerspiele immer beliebter ______.

6 Du siehst schlecht aus. ______ du etwa krank?

7 Warum ______ es letzten Samstag abends plötzlich so kalt ______? Es ist doch Frühling!

8 Wie ______ ich in Deutsch besser ______? (+ *können*)

9 Frau Meyer ______ 90 Jahre alt.

10 Die Hochzeit ______ besonders schön ______, aber sie war eine Katastrophe. (+ *sollen*)

11 Obst und Gemüse ______ immer teurer.

2 ARTIKEL IM RICHTIGEN KASUS

Ergänzen Sie die passenden Artikel (unbestimmt, bestimmt, Possessiv- oder Negationsartikel). Achten Sie dabei auf den Kasus. Manche Lücken bleiben leer (/).

Am Samstag habe ich ______ (1) Geburtstag. Ich werde 26 Jahre alt. Zu m______ (2) Geburtstag habe ich viele Freunde eingeladen. ______ (3) Tag für m______ (4) Feier steht auch schon fest! Es ist ______ (5) 13. August. Das ist ______ (6) Samstag. ______ (7) Wetter soll an ______ (8) Tag richtig gut werden: ______ (9) Sonne soll scheinen und es soll k______ (10) Regen geben. Deswegen mache ich k______ (11) Party in der Wohnung, sondern ______ (12) Grillparty i______ (13) Garten. Es gibt ______ (14) Würstchen, ______ (15) Fleisch und ______ (16) Salate. Außerdem macht ______ (17) Freund von mir ______ (18) Gemüsespieße. Ich habe auch ______ (19) Überraschung für meine Gäste geplant: ______ (20) Live-Band soll in m______ (21) kleinen Garten für m______ (22) Freunde spielen. ______ (23) Band soll dafür sorgen, dass ______ (24) Gäste viel und lange tanzen. Darauf freue ich mich schon sehr. Bevor es so weit ist, muss ich aber noch viel tun. Ich muss ______ (25) ganze Terrasse putzen. Das macht ______ (26) Spaß! Zum Glück kümmern sich m______ (27) beiden besten Freunde um ______ (28) Dekoration, und m______ (29) Bruder bringt ______ (30) Stehtische von u______ (31) Eltern mit ______ (32) Auto zu mir. Ich muss mir bis ______ (33) Samstag auch noch ______ (34) Kleid und ______ (35) Schuhe für ______ (36) Party kaufen. Ihr merkt sicherlich, dass ______ (37) Zeit bis ______ (38) Samstag rast. Deshalb mache ich mich jetzt an ______ (39) Arbeit. Tschüs!

3 VERBEN – CHEF IM SATZ

a) Wie benutzt man die folgenden Verben im Satz? Ordnen Sie die Verben nach den verschiedenen Mustern in die Tabelle. Manche Verben können mehrere Muster haben.

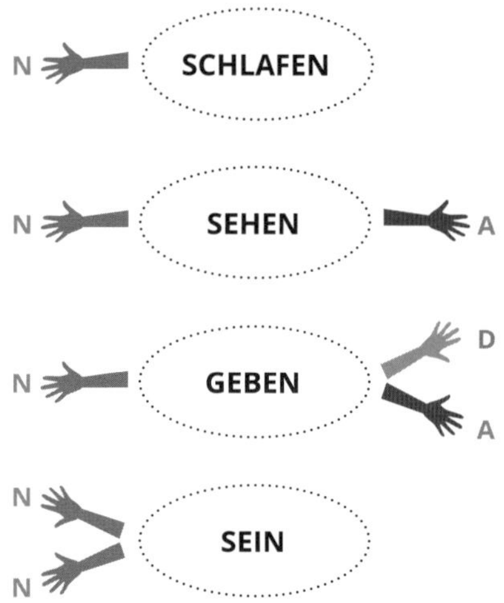

Ich schlafe.

Ich sehe dich.

Ich gebe dir einen Stift.
Die Mutter gibt dem Baby Milch.

Ich bin ein Mensch.
Sie ist Lehrerin.

aufräumen | essen | fragen | ~~geben~~ | gehen | glauben | kommen | lernen | lieben | machen | sagen | ~~schlafen~~ | ~~sehen~~ | ~~sein~~ | singen | wandern | wissen | werden

N	N – A	N – D/A	N – N
schlafen	sehen	geben	sein

b) Ergänzen Sie weitere Verben in der Tabelle.

c) Schreiben Sie zu jedem Verb aus a) einen Beispielsatz.

Lernen Sie Verben immer gleich mit ihrem Muster, am besten immer zusammen mit einem Beispielsatz.

Manche Verben kann man vielfältig benutzen (z. B. *schreiben*). Manchmal sind Objekte freiwillig.

Ich schreibe.	→	N
Ich schreibe einen Brief.	→	N + A
Ich schreibe dir einen Brief.	→	N + D + A
Ich schreibe einen Brief an dich.	→	N + A + Präpositionalobjekt

1 TEMPORALE PRÄPOSITIONEN – REISE IN DIE USA

Setzen Sie die richtigen Präpositionen und Artikel (wenn nötig) ein.

_____ (1) letzten Winter bin ich ins Land des Fast Food geflogen – in die USA! Ich liebe Fast Food: Pizza, Burger, Pommes usw., deshalb habe ich _____ (2) meiner Kindheit davon geträumt. _____ (3) 3. September war es dann so weit. Ich bin schon _____ (4) sieben Uhr morgens losgeflogen, so früh! Wegen der Zeitverschiebung bin ich dann _____ (5) Morgen in Los Angeles angekommen.

_____ (6) ein paar Tagen in Los Angeles habe ich eine Reise durch ganz Kalifornien begonnen, das war toll. _____ (7) morgens _____ (8) abends war ich unterwegs, viel Zeit im Auto, aber ich habe auch viel gesehen! Natürlich habe ich mich fast nur von Fast Food ernährt, morgens, mittags und abends!

_____ (9) zwei Jahren möchte ich noch einmal in die USA reisen, es hat mir so gut gefallen! Aber _____ (10) dieser Reise muss ich noch ein bisschen sparen – und abnehmen ...

2 *WÜRDE-* + INFINITIV – RESTAURANT AM UFER

Ergänzen Sie die Verben im Konjunktiv II mit *würde-* + Infinitiv.

♦ Restaurant am Ufer, was kann ich für Sie tun?

▪ Guten Abend. Schiller mein Name. (1) Ich _____ gern einen Tisch für sechs Personen _____ (reservieren).

♦ (2) Wann _____ Sie denn _____ (kommen)?

▪ Morgen Abend um 18 Uhr. Geht das?

♦ Oh! (3) Ich _____ Ihnen ja gern _____ (helfen), aber dienstags ist leider Ruhetag.

▪ Das wusste ich gar nicht! (4) Dann _____ wir auch einen anderen Tag _____ (nehmen). (5) _____ es am Mittwoch _____ (passen)?

♦ Aber natürlich. (6) Um wie viel Uhr _____ Sie denn hier _____ (eintreffen)?

▪ Um 18 Uhr, wenn das möglich ist.

♦ Kein Problem. (7) _____ Sie bitte noch einmal Ihren Namen _____ (wiederholen)?

▪ Schiller. (8) _____ Sie bitte auch einen Kinderstuhl _____ (bereitstellen)?

♦ Das machen wir gern. Dann bis dahin! Auf Wiederhören!

▪ Danke sehr! Auf Wiederhören.

3 HÖFLICHE BITTEN – ÄMTER

a) Wohin gehen Sie wann? Finden Sie die gesuchten Ämter in der Wortwolke. Recherchieren Sie im Internet, wenn nötig.

1 Sie ziehen in eine neue Stadt. ____________

2 Sie wollen Ihre Aufenthaltsgenehmigung verlängern. ____________

3 Sie wollen Wohngeld beantragen. ____________

4 Sie suchen Arbeit. ____________

5 Sie wollen heiraten. ____________

b) Formulieren Sie aus den Stichwörtern höfliche Bitten oder höfliche Fragen.

1 sich anmelden

Ich würde mich gerne

2 Ihre Aufenthaltsgenehmigung verlängern

____

3 Wohngeld beantragen

____

4 Informationen über Minijobs bekommen

____

5 einen Heiratstermin erhalten

____

c) Gehen Sie auf die Webseite des Ausländeramts Ihrer Stadt und beantworten Sie die Fragen.

1 Wo befindet sich das Ausländeramt? ____________

2 Wie sind die Öffnungszeiten? ____________

3 Wie können Sie dort einen Termin machen? ____________

4 Wo muss man seinen elektronischen Aufenthaltstitel (Scheckkartenformat) abholen?

____

5 Braucht man dafür einen Termin? ____________

4 GENITIV – ENDUNGEN

a) Ergänzen Sie die Genitivendungen der Possessivartikel und der Nomen.

	m	n	f	Pl
ich	meines Großvaters	mein___ Baby___	mein___ Großmutter	mein___ Geschwister
du	dein___ Bruder___	deines Kindes/s	dein___ Schwester	dein___ Cousins
er	sein___ Freund___	sein___ Patenkind___	seiner Mutter	sein___ Großeltern
es	sein___ Onkel___	sein___ Au-pair-Mädchen___	sein___ Freundin	sein___ Neffen
sie	ihr___ Lehrer___	ihr___ Kindermädchen___	ihr___ Schwägerin	ihrer Eltern
wir	unser___ Vater___	unser___ Nachbarkind___	unser___ Tante	unser___ Cousinen
ihr	eur___ Sohn___	eur___ Zimmermädchen___	eur___ Oma	eur___ Freundinnen
sie	ihr___ Bosses	ihr___ Stiefkind___	ihr___ Cousine	ihr___ Nachbarn
Sie/Sie	Ihr___ Arzt___	Ihr___ Haustier___	Ihr___ Freundin	Ihr___ Katzen

b) Ergänzen Sie die Genitivendungen der Eigennamen.

Das ist ...	Tim___	Thomas___	Christine___	... Tablet.

5 GENITIV – COMPUTERCHAOS

Ergänzen Sie die Lücken mit Genitiv (Eigennamen, Nomen und/oder Artikel).

1 Ist das nicht der Laptop von Justus? – Du hast recht, das ist Justus' Laptop.

2 Aber ist das Headset von Nele? – Nein, das ist nicht ___ Headset.

3 Und die Tastatur, ist die von deinem Chef? – Ja, das ist die Tastatur ___.

4 Und der Bildschirm? Ist der auch von ihm? – Nein, das ist ein Monitor ___ Kollegin.

5 Komisch, hier ist ja alles zusammengewürfelt. Der Drucker gehört doch den Studenten, oder? – Ja, das ist der Drucker ___.

6 Sieh mal, hier sind Kopfhörer. Sind sie von Eric? – Nein, das sind die Kopfhörer ___ Sekretärin.

7 Das ist ein tolles Tablet! Gehört das nicht dem Hausmeister? – Ja, das ist das Tablet ___.

6 GENITIV – WESSEN?

a) Antworten Sie mit Genitiv.

1 Ist das der Stift vom Lehrer? – Ja, das ist der Stift des Lehrers.

2 Ist das das Fahrrad von Christian? – Nein,

3 Sind das die Kinder von den Nachbarn? – Ja,

4 Ist das der Bruder von Emily? – Nein,

5 Gehören die Bücher unserer Lehrerin? – Ja, das sind

6 Besuchst du die Mutter von deinem Freund? – Ja,

7 Brauchst du heute das Auto von deinen Eltern? – Ja,

8 Trefft ihr am Wochenende den Trainer von der Fußballmannschaft? – Ja,

b) Stellen Sie eine Frage im Genitiv.

1 Das ist der Stift des Lehrers. – Wessen Stift ist das?

2 Das ist Timothys Smartphone. –

3 Das sind die Hosen meines Sohnes. –

4 Ich nehme das Auto meiner Eltern. –

5 Toms Frau ist schwanger. –

6 Nadines neue Frisur finde ich hässlich. –

7 Wir mögen die Musik von Michael Jackson. –

c) Konjugieren Sie die Verben und bilden Sie Sätze. Die fettgedruckten Wörter sind die Subjekte.

1 streiten: **Michaela** / ihr Freund / die Mutter / mit / .

Michaela

2 tragen: die Handtasche / **Charlotte** / ihre Cousine / .

3 reden: über / **Miriam** / das neue Auto / mein Bruder / ?

4 sein: **Nadine und Vera** / meine Söhne / die Tanten / .

5 *möcht-* kaufen: das Haus / **Familie Jakob** / ihre Nachbarin / .

7 GENITIV – DIE LIEBE VERWANDTSCHAFT

a) Arbeiten Sie zu zweit. Wählen Sie eine Person aus dem Stammbaum aus.

Bilden Sie eine Frage zur Person. Benutzen Sie dazu die Namen und Wörter für die Verwandtschaft.
Ihre Partnerin / Ihr Partner muss die Person erraten.

Wie heißt Nils' Mutter? – Annabelle.
Wie heißt die Mutter des Vaters von Hans? – Annabelle.
Wer ist die Großmutter der Töchter von Tina? – Annabelle.

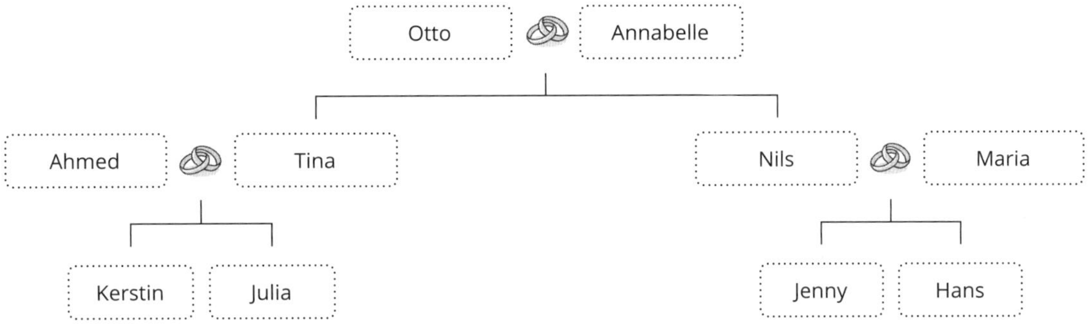

b) Spielen Sie ein Kettenspiel. Eine Person fragt eine andere Person, wie eine Verwandte / ein Verwandter heißt.
Die Person antwortet und fragt dann die nächste Person.

Wie heißt die Mutter deines Vaters?
Wie heißt der Mann deiner Schwester?
Wie heißt das Kind deines Onkels?

8 COMPUTER & INTERNET

Lösen Sie das Kreuzworträtsel.

Senkrecht
1 Das Wort schützt den Zugang zu Programmen.
2 Damit bringt man digitale Inhalte auf Papier.
3 Bildschirm
4 digitales Netz

Waagerecht
5 Damit schreibt man am Computer.
6 elektronische Post
7 Hier kann man Dateien speichern und mitnehmen.
8 digitale Seite im Internet
9 Benutzerkonto (engl.)

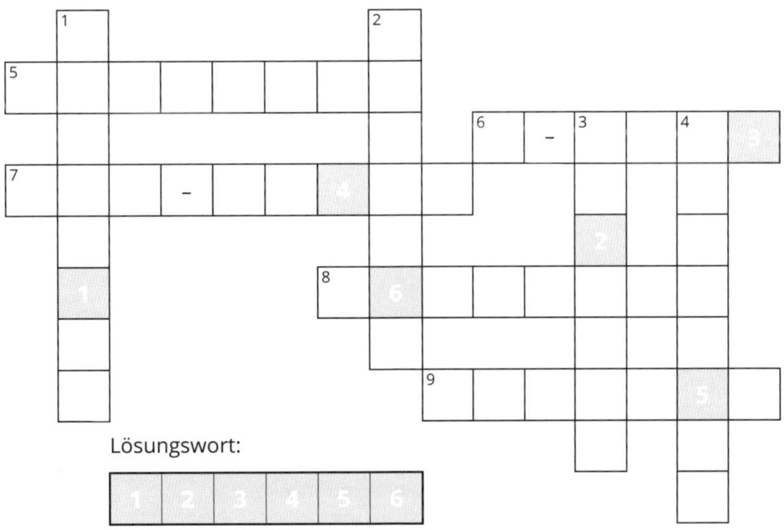

9 ZAHLUNGSARTEN BEIM ONLINE-SHOPPING

Auch beim Online-Shopping muss man die Rechnung bezahlen. Ordnen Sie zu.

1 Sie bezahlen Ihre Bestellung beim Postboten oder bei der Abholung in der Post-Filiale.
2 Die Firma bucht den Rechnungsbetrag von Ihrem Konto ab und verschickt die Ware schnellstmöglich.
3 Die Firma schickt Ihnen die Ware. Das Kreditinstitut bezahlt für Sie die Rechnung und bucht den Betrag später von Ihrem Konto ab.
4 Sie überweisen der Firma erst den Betrag der Rechnung. Danach liefert die Firma Ihre Bestellung aus.

A Kreditkarte
B Vorkasse (Überweisung)
C Nachnahme
D Lastschrift

1	2	3	4

10 LEBENSMITTEL ONLINE KAUFEN

Lesen Sie die Aufgaben. Hören Sie und kreuzen Sie an.

Person 1

R F 1 ... möchte die Ware vor dem Kauf sehen.
R F 2 ... bestellt schimmliges Gemüse im Internet.
R F 3 ... kauft am liebsten auf dem Markt.

Person 2

R F 1 ... ist sehr alt.
R F 2 ... kauft keine Lebensmittel im Internet.
R F 3 ... findet Online-Shopping kompliziert.

Person 3

R F 1 ... hat schlechte Erfahrungen im Internet gemacht.
R F 2 ... findet die Preise zu hoch.
R F 3 ... spart Zeit und Benzin beim Internet-Shoppen.

Person 4

R F 1 ... hält den Onlinekauf von Lebensmitteln für eine gute Sache.
R F 2 ... findet die Online-Bezahlung problematisch.
R F 3 ... wartet nicht gern an der Supermarktkasse.

Person 5

R F 1 ... fährt mit dem Aufzug in den vierten Stock.
R F 2 ... bestellt vor allem Getränkekisten.
R F 3 ... kennt die Qualität der Lebensmittel im Online-Shop ihres Supermarktes.

11 *SCHON – NOCH – ERST*

a) Setzen Sie die Wörter in die Lücken ein.

erst (2x) | noch (2x) | noch nicht | schon (2x)

Es ist 19 Uhr. Die Leute warten auf den Zug. Dann kommt eine Ansage: Der Zug kommt ______ (1) um 20 Uhr, nicht ______ (2) um 19 Uhr. Es ist 20:30 Uhr. Der Zug ist ______ (3) da. Die Leute warten ______ (4). Dann kommt eine Ansage: Der Zug kommt ______ (5) um 21 Uhr. Die Leute haben ______ (6) zwei Stunden gewartet und müssen ______ (7) eine halbe Stunde warten.

b) *noch*, *schon*, *erst*? Drücken Sie das Gegenteil aus.

1 Hast du keine Lust mehr? – Doch, ich habe ______ Lust.

2 Hat sie die Prüfung noch nicht abgelegt? – Doch, sie hat die Prüfung ______ abgelegt.

3 Blühen die Rosen schon im Mai? – Nein, die Rosen blühen im Mai ______ nicht. Sie blühen ______ im Juni.

4 Ist es erst 6 Uhr? – Nein, es ist ______ später.

5 Bist du noch nicht verheiratet? – Doch, ich bin ______ lange verheiratet.

12 SO EIN SCHLAMASSEL!

Sehen Sie noch einmal den Cartoon aus dem Kursbuch, Kapitel 12.3, Aufgabe 3.1 an. Was passiert hier? Schreiben Sie eine Geschichte zum Cartoon.

13 BESCHWERDEN

Arbeiten Sie zu zweit. Spielen Sie Dialoge zu den folgenden Situationen.

im Restaurant	Der Kellner bringt Ihnen ein Glas Cola, doch das Glas ist schmutzig. Lippenstiftreste kleben noch am Glasrand.
im Supermarkt	Sie haben heute Morgen einen großen Sack Kartoffeln eingekauft. Zu Hause stellen Sie fest, dass die Kartoffeln bereits faulen. Sie fahren zurück zum Supermarkt und beschweren sich beim Kassierer.
in der Bar	Sie haben einen Cocktail bestellt, doch der Cocktail schmeckt schrecklich. Er ist viel zu süß. Sie fragen den Barkeeper, ob er noch etwas Zitronensaft hinzugeben kann.
im Schuhgeschäft	Sie haben ein neues Paar Schuhe gekauft. Zu Hause stellen Sie fest, dass ein Schuh bereits kaputt ist. Die Sohle löst sich ab. Sie gehen zurück in den Schuhladen und beschweren sich.
beim Arzt	Sie hatten einen Termin um 10 Uhr und sitzen nun schon seit 2 Stunden im Wartezimmer. Sie beschweren sich bei der Sprechstundenhilfe am Empfang.

14 *N*-DEKLINATION – LIEFERPROBLEME

a) Lesen Sie die E-Mail und ergänzen Sie die fehlenden Endungen im Text.

Antworten | Weiterleiten | Löschen

Von: f.penz@p-mail.de
Betreff: Beschwerde über Lieferung
An: exotischetiere@p-mail.de

Sehr geehrte Damen und Herren,

ich bin seit vielen Jahren Ihr Kunde und habe schon viele Tiere bei Ihnen gekauft. Dieses Mal muss ich mich aber beschweren.

Vor acht Wochen habe ich in Ihrer Internet-Tierhandlung einen Tanzbär___ für meinen Junge___ bestellt. Ich dachte, dass das eine gute Idee ist, weil mein Sohn Marius in unserem Zirkus Musikant ist und der Bär zur Musik des Pianist___ tanzen kann. Das Problem ist nun, dass ich jede Woche ein neues Tier bekomme. Aber nie einen Tanzbär___!

Die erste Lieferung ist pünktlich angekommen. Aber dann musste ich feststellen, dass ich keinen Bär___ bekommen habe, sondern einen Löwe___. Ich habe aber ein Problem mit den Haaren von Löwen, weil ich allergisch gegen Katzenhaare bin. Ich habe den Löwe___ wieder zurückgeschickt.

Danach haben Sie mir einen Elefant___ geschickt. Darüber war ich sehr verärgert, denn ein Elefant passt überhaupt nicht durch den Eingang unseres Zirkuszeltes. Also habe ich den Elefant___ nicht angenommen.

Dann hat mir der Postbote einen Ochse___, einen Hase___, einen Rabe___ und sogar einen Drache___ gebracht! Das geht doch wirklich nicht! Die Tiere habe ich dem Postbote___ natürlich auch wieder mitgegeben.

Gestern hat der Postbote wieder ein Tier gebracht. Ich habe das Paket geöffnet und in die Augen eines Affe___ geschaut. Das ist mir jetzt wirklich zu dumm!

Jetzt sehe ich nur noch eine Möglichkeit: Ich storniere die Bestellung des Tanzbär___. Außerdem habe ich von einem Kollege___, von einem Biologe___ und auch von einem anderen Experte___ gehört, dass wilde Tiere im Zirkus gar keine gute Idee sind.

Mit freundlichen Grüßen
Florian Penz

b) Richtig oder falsch? Kreuzen Sie an.

R	F	1	Der Absender der E-Mail heißt *Exotische Tiere*.
R	F	2	Der Bär soll für Florian Penz' Sohn sein.
R	F	3	Die Tierhandlung schickt jede Woche ein anderes Tier.
R	F	4	Florian Penz hat die Lieferung mit dem Elefanten nicht angenommen.
R	F	5	Florian Penz freut sich über die Lieferung des Ochsen, Hasen, Raben und Drachen.
R	F	6	Aus dem letzten Paket hat ihn ein Affe angesehen.
R	F	7	Florian Penz stoppt die Bestellung des Tanzbären.

15 *N*-DEKLINATION – EIN HERR MIT NAMEN NIEMAND

a) Lesen Sie die Geschichte und ergänzen Sie die fehlenden Nomen- und Artikelendungen. Viele Lücken bleiben leer (/).

Ich hatte ein Nachbar , der hatte d Name Niemand. Von Beruf war d Herr Musikant : Er hat Flöte gespielt. Er konnte sein Instrument so schön spielen, dass alle Tiere d Umgebung zu sein Haus gekommen sind, sich in sein Garten gesetzt und ihm zugehört haben. Jed Abend konnte man da ein Hund, ein Katze, ein Hase , ein Fuchs und ein Rabe sitzen sehen.

Doch Herr Niemand selbst war nicht glücklich. Einmal hat er zu mir gesagt: „Ach, d Leben ist schwer für ein Flötist .“ „Warum?“, habe ich gefragt. Er hat geantwortet: „Kein Mensch will mir Arbeit geben. Einmal hat mich d Dirigent ein kleinen Orchester eingestellt. D Orchester d Dirigent und er selbst waren sehr zufrieden mit mir. Doch ich habe gehört, dass d Leute gesagt haben: ‚Niemand spielt Flöte', und sie sind zu Hause geblieben. Sie mögen mein Musik nicht.“

„Das glaube ich nicht“, habe ich gesagt. „Ich bin kein Experte , aber Sie spielen so wundervoll Flöte , dass sogar d Tiere aus d Wald kommen und Ihnen zuhören. Und d Hund und d Katze , d Fuchs und d Hase und d Rabe sitzen friedlich zusammen. Vielleicht liegt es am Name ! Möglicherweise haben d Leute etwas missverstanden – ändern Sie doch ein Buchstabe oder zwei, und dann haben Sie bald Erfolg !“ Aber Herr Niemand hat nur d Kopf geschüttelt und ist nach Hause gegangen.

Eines Tages war ein Zirkus in unser Stadt . Ich habe Herr Niemand abgeholt, wir sind zusammen hingegangen und haben uns ein Vorstellung angesehen. Da waren Artist , Musikant und Tiere aller Art: Pferde , Löwe , Elefant , Affe , auch ein Bär war dabei. Sie haben viele Kunststücke gezeigt, aber d Artist haben lustlos gewirkt und d Tiere haben traurig ausgesehen. Besonders d Bär ist d Zirkusleben schwer gefallen. Ich bin ganz traurig in mein Herz geworden. Da ist mein Blick auf d Musikant gefallen. Sie fanden es langweilig und haben schlecht gespielt. Ich hatte ein Gedanke . „Herr Niemand“, habe ich gesagt, „haben Sie Ihr Flöte dabei?“ Er hat genickt und geantwortet: „Ich trage mein Instrument immer bei mir.“ „Dann spielen Sie mal ein Lied ! Ich glaube, dass d Artist und d Tiere lustige Musik brauchen!“

Herr Niemand war unsicher. „Glauben Sie wirklich, ich soll ein wenig Flöte spielen?“, hat er gefragt. „Na los!“, habe ich gerufen. Da hat er sein Instrument aus d Mantel geholt und angefangen zu spielen. Sofort hat sich d Stimmung im Zirkus verändert. Alle Leute haben gelacht und zur Musik getanzt. Ein Zuschauer hat laut gerufen: „Jemand spielt Flöte !“, und ein anderer: „Wie wunderschön!“

D Bär hat begonnen zu tanzen, zuerst langsam, doch dann immer schneller. D Affe ist dazugekommen und auf sein Schultern gesprungen. Und schließlich haben alle Tiere d Zirkus – sogar d Löwe – zu Herr Niemand Musik getanzt. Noch am gleichen Abend hat Herr Niemand ein Stelle im Orchester d Zirkus bekommen. Und als dieser in d nächste Stadt weitergezogen ist, ist Herr Niemand mit ihm mitgegangen. Alle haben ihn von nun an ‚Jemand' genannt.

b) Beantworten Sie die Fragen zum Text.

1 Welchen Beruf hatte Herr Niemand?

2 Warum war Herr Niemand traurig?

3 Was sollte Herr Niemand mit seinem Namen machen?

4 Warum waren die Artisten und Tiere im Zirkus lustlos?

5 Welche Idee hatte der Erzähler im Zirkus?

6 Was hat Herr Niemand am Ende gemacht?

c) Im Text gibt es viele Nomen mit *n*-Deklination. Schreiben Sie die Nomen im Nominativ mit Artikel und Plural in die Liste.

der	Nachbar	, -n			,			,
		,			,			,
		,			,			,
		,			,			,
		,			,			,
		,			,			,

16 *N*-DEKLINATION – DA STIMMT DOCH WAS NICHT!

Ups, hier sind alle Nomen durcheinander geraten und stehen auf der falschen Position. Korrigieren Sie die Sätze und deklinieren Sie die Nomen.

1 Der Demonstrant hat den Polizisten verhaftet.

Der Polizist hat den Demonstranten verhaftet.

2 Der Postbote beißt gerne den Hund.

3 Müller ist der Nachbar meines Namens.

4 Der Kollege meines Schreibtischs steht meinem direkt gegenüber.

5 Mein Nachbar hat schon wieder meine Katze gekratzt.

6 Das Geld stirbt und der Opa bekommt die Erben.

7 Der Bär hat die Höhle des Jägers gefunden.

8 Der Prinz belohnt im Märchen den König mit einem Schloss.

9 Die Banane hat den Dieb des Affen gestohlen.

10 Ein Unfall hat den Zeugen beobachtet.

11 Die Zigaretten befüllen den Lieferanten mit Automaten.

12 In unserem König ist das Kaufhaus der Kunde.

1 PERSONEN BESCHREIBEN

Spielen Sie ein Ratespiel. Eine Person beschreibt eine andere Person aus dem Kurs. Die Gruppe rät, wer das ist. Sie können zum Beispiel folgende Adjektive, Verben und Nomen benutzen.

alt | blau | blond | braun | groß | grün | gut | jung | klein | kurz | lang | langsam | laut | leise | rot | schlecht | schnell ...

gehen | sein | sprechen | verstehen ...

Augen | Brille | Haare | Hose | Jacke ...

Ihre Haare sind blond. Sie geht schnell. Sie spricht laut. – Das ist ...

2 TELEFONISCHE BESCHWERDE

a) Lesen Sie die Aufgaben. Hören Sie den Dialog und kreuzen Sie an.

R	F	1	Der Mitarbeiter an der Hotline heißt Telefonitas.
R	F	2	Lisa Meiers Internetanschluss funktioniert nicht immer.
R	F	3	Seit acht Wochen hat sie Internet.
R	F	4	Die Kundennummer steht auf der Rechnung.
R	F	5	Lisa kann nicht lesen.
R	F	6	Lisa wohnt in der Alsenstraße 92.
R	F	7	Lisa ist im März geboren.
R	F	8	Der Monteur war schon am 25. Juni da.
R	F	9	Lisa wusste nichts von dem Termin, weil ihr Handy kaputt ist.
R	F	10	Lisa hat immer Zeit.
R	F	11	Der Monteur kommt nächste Woche Dienstag am Nachmittag.
R	F	12	Lisa bekommt das Geld in bar zurück.

b) Ergänzen Sie die Fragewörter im Dialog. Hören Sie dann den Dialog noch einmal und kontrollieren Sie Ihre Antworten.

Telefonitas: Guten Tag, Sie sprechen mit der Hotline von Telefonitas, Billmann am Apparat. ______ (1) kann ich Ihnen helfen?

Lisa Meier: Lisa Meier, guten Tag. Ich habe ein Problem mit meinem Internetanschluss. Den habe ich vor acht Wochen bei Ihnen bestellt und ich habe bis jetzt immer noch kein Internet. Trotzdem buchen Sie das Geld für den Anschluss schon von meinem Konto ab.

Telefonitas: Einen Moment, bitte. Ich schau mir eben Ihre Kundendaten an. ______ (2) war noch mal Ihr Name?

Lisa Meier: Lisa Meier.

Telefonitas: Wir haben mehrere Kunden mit diesem Namen. ______ (3) ist denn Ihre Kundennummer?

Lisa Meier: Die Kundennummer? Die weiß ich nicht.

Telefonitas: Die Kundennummer steht auf der Rechnung.

Lisa Meier: Aber ich habe keine Rechnung bekommen.

Telefonitas: ______ (4) haben Sie denn keine Rechnung bekommen? Sie haben doch gesagt, Sie bezahlen schon für Ihren Anschluss.

Lisa Meier: Die Rechnung soll wohl digital kommen, als E-Mail. Weil ich keinen Internetanschluss habe, kann ich aber natürlich auch die Rechnung nicht lesen.

Telefonitas: Verstehe. ______ (5) wohnen Sie denn?

Lisa Meier: In der Alsenstraße 29 in 44789 Bochum.
Telefonitas: Und ______ (6) sind Sie geboren?
Lisa Meier: Am 8.3.93.
Telefonitas: Ah, hier habe ich Sie. Also, hier steht, dass Sie vor acht Wochen einen Internetanschluss bestellt haben. Unser Monteur hatte mit Ihnen eine Woche später einen Termin. Sie waren aber nicht zu Hause.
Lisa Meier: Ich hatte einen Termin mit einem Monteur? Davon wusste ich nichts. ______ (7) genau war das denn?
Telefonitas: Am Mittwoch, den 25.6.
Lisa Meier: Ja, mittwochs bin ich immer den ganzen Tag an der Uni. ______ (8) weiß ich denn nichts von dem Termin? ______ (9) haben Sie mich darüber informiert? Und ______ (10)?
Telefonitas: Also, Sie haben am 19.6. den Anschluss bestellt, wir haben Ihnen am 21.6. den Termin per SMS geschickt.
Lisa Meier: Ah, jetzt weiß ich, was schiefgegangen ist. Man hat mir mein Handy gestohlen. Deshalb habe ich die SMS auch nicht mehr erhalten.
Telefonitas: Okay. Dann machen wir jetzt einen neuen Termin mit dem Monteur. ______ (11) passt es Ihnen denn am besten?
Lisa Meier: Am besten nachmittags, außer mittwochs.
Telefonitas: Passt es Ihnen nächste Woche Dienstag? Der Monteur könnte zwischen 14 und 18 Uhr kommen.
Lisa Meier: Ja, das ist gut. Und ______ (12) machen wir das jetzt mit der Rechnung? Bekomme ich mein Geld zurück?
Telefonitas: Selbstverständlich. Den Betrag werden wir auf Ihr Konto zurücküberweisen.
Lisa Meier: Super, vielen Dank.
Telefonitas: Gut. Ich hoffe, ich konnte Ihnen helfen.
Lisa Meier: Ja, konnten Sie! Vielen Dank und auf Wiederhören.
Telefonitas: Auf Wiederhören.

3 KÖRPERTEILE

Was kann man mit folgenden Körperteilen machen? Suchen Sie so viele Verben wie möglich. Ergänzen Sie außerdem die Artikel und den Plural. Finden Sie drei weitere Körperteile.

1 der Mund, ¨er : sprechen, essen, schmecken, pfeifen, küssen,
2 ___ Auge, ___ : ______
3 ___ Nase, ___ : ______
4 ___ Ohr, ___ : ______
5 ___ Kopf, ___ : ______
6 ___ Bauch, ___ : ______
7 ___ Hand, ___ : ______
8 ___ Finger, ___ : ______
9 ___ Bein, ___ : ______
10 ___ Fuß, ___ : ______
11 ___ ______, ___ : ______
12 ___ ______, ___ : ______
13 ___ ______, ___ : ______

4 KLEIDUNG & CO.

Welche Kleidungsstücke und Gegenstände sehen Sie hier? Ordnen Sie zu.

1

2

3

4

5

6

7

8

9

10

A das Hemd, -en
B die Bluse, -n
C das Kleid, -er
D die Hose, -n
E der Rock, ¨-e
F Shorts (Pl.)
G das T-Shirt, -s
H der Pullover, -
I die Jacke, -n
J die Krawatte, -n
K die Socke, -n
L die Unterhose, -n
M der BH, -s
N der Schal, -s
O der Gürtel, -
P der Mantel, ¨-
Q der Stiefel, -
R der Schuh, -e
S der Handschuh, -e
T die Brille, -n

11

12

13

14

15

16

17

18

19

20

1	2	3	4	5	6	7	8	9	10	11	12	13	14	15	16	17	18	19	20

1 INTERESSANTE NACHBARN

a) Ruth studiert im ersten Semester Maschinenbau in Aachen. Sie ist sehr glücklich, dass sie einen Platz im Studierendenwohnheim bekommen hat. Ihre Freundin Fabiola besucht sie.
Hören Sie den Text einmal komplett und machen Sie beim Hören Notizen. Formulieren Sie dann Fragen. Ihr Partner / Ihre Partnerin versucht, diese Fragen zu beantworten. Ergänzen Sie Ihre Notizen.

Wer ist Udo?
Wo ...?

b) Lesen Sie die Sätze. Können Sie die Fragen mit den Notizen vom ersten Hören schon beantworten? Hören Sie den Text noch einmal und kontrollieren Sie Ihre Antworten.

R	F	1	Fabiola findet, dass man neben dem Studium auch Geld verdienen sollte.
R	F	2	Udo wohnt neben Ruth.
R	F	3	Nur Udos Zimmer hat eine Waschmaschine.
R	F	4	Udo hat Ruth das Studentenwohnheim gezeigt.
R	F	5	Udo studiert schon viele Jahre.
R	F	6	Ruth findet, dass man mit 30 Jahren zu alt für ein Studium ist.
R	F	7	Maja wohnt im Stockwerk über Ruth.
R	F	8	Maja trainiert jeden Morgen 30 Minuten.
R	F	9	Maja war heute Morgen bei Ruth und hat sie geweckt.

c) Wie heißen diese Wörter? Schreiben Sie die Nomen mit Artikel und Plural.

1 ein Haus mit vielen Zimmern/Wohnungen für Studenten: ______
2 beginnen, in einer neuen Wohnung zu wohnen: ______
3 umgangssprachlich für *Mann*: ______
4 Eine Person hilft gern. *Sie ist sehr* ______
5 Gegenteil von *ängstlich*: ______
6 ein Synonym für *Etage*: ______
7 Diese Person steht gern früh auf. *der Frühaufsteher, -*

2 ARTIKELWÖRTER – KISTEN AUSPACKEN

Ergänzen Sie die Endungen der Artikelwörter.

Fabiola: Du hast ja noch gar nicht alle Kisten ausgepackt! Komm, ich helfe dir! Das sind ja viele Bücher!
Ruth: Ja, ich lese so gern. Zum Beispiel Hermann Hesse, von dem habe ich jed___ (1) Buch.
Fabiola: Und was ist in dies___ (2) Kiste? CDs? Mensch, Ruth, du willst mir nicht wirklich sagen, dass du die hier im Wohnheim brauchst. Ich habe all___ (3) wichtigen Lieder immer auf meinem Smartphone. So kann ich sie jed___ (4) Tag und überall immer wieder hören.
Ruth: Ich weiß, dass das heutzutage all___ (5) Leute so machen. Aber ich will an manch___ (6) Tagen einfach all___ (7) Musik-Alben durchsehen, sie sortieren und dann ganz in Ruhe auswählen, was ich hören möchte. – Kennst du zum Beispiel dies___ (8) Band hier?
Fabiola: Nein, aber wir können sie ja mal anhören. Hey, wow! Dies___ (9) Hose hier ist ja cool, knallgrün! Aber sag mal, mit welch___ (10) Pullover willst du die denn kombinieren?

Ruth: Ja, die Hose finde ich auch super. Die passt sehr gut zu dies___ (11) blauen Pullover.

Fabiola: Ach schade, das ist aber sehr dunkel. Dies___ (12) Farbe gefällt mir nicht so gut. Dies___ (13) Pullover hier passt viel besser zu dir.

Ruth: Welch___ (14) Pullover? Der gelbe? Fabiola! Manch___ (15) Styling-Ideen von dir sind echt ziemlich verrückt. Mit meinen roten Haaren sehe ich dann ja aus wie ein Clown!

3 ARTIKELWÖRTER – BALKONIEN

a) Was bedeutet *Balkonien*? Was vermuten Sie? Welches Wort erkennen Sie?

b) Lesen Sie den Text und ergänzen Sie die Endungen der Artikelwörter.

Es ist Juni, bald kommt der Sommerurlaub. Aber wie jed___ (1) Jahr wissen manch___ (2) Leute wieder gar nicht, was sie in dies___ (3) freien Zeit machen sollen: In welch___ (4) Land oder in welch___ (5) Stadt soll man fahren? Lieber ans Meer oder in die Berge?
Natürlich brauchen all___ (6) Leute ein paar Wochen im Jahr Ruhe, aber jed___ (7) Mensch hat seine ganz persönliche Vorstellung von einem perfekten Urlaub. In manch___ (8) Beziehungen fahren beid___ (9) Partner auch getrennt weg, weil die Wünsche so unterschiedlich sind. Für manch___ (10) gestressten Arbeitnehmer ist ein All-inclusive-Urlaub die beste Lösung, deshalb sind in manch___ (11) schönen Regionen oft sämtlich___ (12) Hotels lange im Voraus ausgebucht. Solch___ (13) Probleme haben Camping-Urlauber nicht. Sie bleiben einfach dort, wo es schön ist. Manch___ (14) Camper besitzen sogar ein Wohnmobil und haben so auch im Urlaub Platz für sämtlich___ (15) Luxusartikel. Dabei muss man nur jed___ (16) Mal viel Zeit zum Packen einplanen.
Machen Sie es doch in dies___ (17) Jahr einfach mal ganz anders: Urlaub auf Balkonien – also zu Hause auf dem eigenen Balkon – das spart Stress beim Planen und Packen und man hat viel Ruhe und Zeit zum Entspannen!

c) Richtig oder falsch? Kreuzen Sie an.

R	F	1	Jeder weiß, wohin er in den Sommerurlaub will.
R	F	2	Jeder muss im Sommer Urlaub machen.
R	F	3	Der perfekte Urlaub ist für jeden anders.
R	F	4	Paare fahren immer zusammen in den Urlaub.
R	F	5	Camping kann man auch mit dem Wohnmobil machen.
R	F	6	Man muss beim Camping immer auf Luxusartikel verzichten.
R	F	7	Urlaub auf Balkonien bedeutet, dass man im Balkan (Südosteuropa) Urlaub macht.

4 MITBEWOHNER

a) Hören Sie den Text einmal und ordnen Sie zu. Einige Informationen bleiben übrig.

Person	lebt ...		lebt mit ...	
1	a	allein	A	Person 1
2	b	in einer 2er-WG	B	Person 2
3	c	in einer 3er-WG	C	Person 3
4	d	in einer 4er-WG	D	Person 4

1	2	3	4

b) Lesen Sie die Fragen. Hören Sie dann den Text ein zweites Mal und beantworten Sie die Fragen.

1 Richtig oder falsch? Kreuzen Sie an.

Person 1	R	F	1	... ist mit ihrer WG zufrieden.
	R	F	2	... lebt in einer Zweck-WG.
	R	F	3	... und ihre Mitbewohner streiten oft über die Uni und die Professoren.
Person 2	R	F	4	... lebt lieber in einer größeren WG.
	R	F	5	... möchte für immer in einer WG wohnen.
Person 3	R	F	6	... lebt lieber in ihrer eigenen Wohnung.
	R	F	7	... unternimmt mit ihrer Mitbewohnerin viel in der Freizeit.
Person 4	R	F	8	... findet das Leben in einer 4er-WG perfekt.
	R	F	9	... streitet sich oft mit zwei Mitbewohnern.

2 Wie hat Person 2 zuerst gelebt, wie wohnt sie jetzt und wie möchte sie in Zukunft leben?

3 Warum will Person 3 nur mit ihrer Freundin in einer WG wohnen?

4 Warum ist das Leben für Person 4 in einer 4er-WG besser als in einer 3er- oder 2er-WG?

5 Warum ärgert sich Person 4 darüber, dass seine Mitbewohnerin sich beschwert?

c) Welches Adjektiv beschreibt welche Person am besten? Ordnen Sie je ein Adjektiv zu.

1 Person 1
2 Person 2
3 Person 3
4 Person 4

A einsam
B erwachsen
C sozial
D ruhebedürftig
E unordentlich
F unternehmungslustig

1	2	3	4

5 ADJEKTIVE FÜR DEN CHARAKTER

a) Wie lauten die Antonyme (Gegenteile)? Ordnen Sie zu.

1	interessant	A	geizig
2	geschieden	B	unsicher
3	fröhlich	C	schwach
4	mutig	D	faul
5	intelligent	E	arm
6	stark	F	verheiratet
7	selbstbewusst	G	traurig
8	reich	H	dumm
9	großzügig	I	langweilig
10	fleißig	J	ängstlich

1	2	3	4	5	6	7	8	9	10

b) Wie wichtig finden Sie persönlich folgende Eigenschaften bei Ihrem Traumpartner / Ihrer Traumpartnerin? Ordnen Sie die Adjektive von sehr wichtig bis unwichtig.

attraktiv | bescheiden | ehrlich | fleißig | fröhlich | geduldig | großzügig | hilfsbereit | höflich | humorvoll | intelligent | kreativ | kritisch | mutig | pünktlich | reich | selbstbewusst | sparsam | spontan | sportlich | stark | tierlieb | treu

sehr wichtig … unwichtig

c) Arbeiten Sie zu zweit. Vergleichen Sie Ihre Reihenfolge von Aufgabe b) mit der Ihrer Partnerin / Ihres Partners und begründen Sie Ihre Reihenfolge.

6 ADJEKTIVDEKLINATION – ONLINE-VERSAND

Ergänzen Sie die Adjektivendungen.

Herr Schick möchte bei einem Online-Versandhandel Kleidung bestellen. Er klickt durch die neu ___ (1) Kollektion. Er findet eine braun ___ (2) Hose für 69 € und ein weiß ___ (3) Hemd für 38,90 €. Die grau ___ (4) Schuhe gefallen ihm auch gut. Zusammen mit einem schwarz ___ (5) Gürtel sieht Herr Schick bestimmt sehr schick aus.
Frau Trude Groß bestellt zum erst ___ (6) Mal online. Sie hat noch keine eigen ___ (7) Kundennummer. Die freundlich ___ (8) Dame von der Kundenbetreuung fragt sie nach Namen, Adresse und Geburtsdatum. Dann kann Frau Groß ihre gewünscht ___ (9) Waren bestellen. Sie möchte eine rot ___ (10) Bluse, einen grün ___ (11) Rock und ein bunt ___ (12) Kleid bestellen. Der grün ___ (13) Rock ist leider in ihrer Größe nicht lieferbar. Das ist aber nicht so schlimm, mit der rot ___ (14) Bluse und dem bunt ___ (15) Kleid ist sie auch zufrieden.
Man kann bei diesem Online-Versandhandel aber nicht nur Kleidung aus der neu ___ (16) Kollektion bestellen, sondern auch Möbel, Haushaltswaren oder elektronisch ___ (17) Geräte. Mit einem schnell ___ (18) Griff zum Handy oder einem klein ___ (19) Mausklick kommt die neu ___ (20) Waschmaschine, der schön ___ (21) Holzschrank oder der preisgünstig ___ (22) Schnellkochtopf direkt bis an die Haustür. Allerdings kann man dort keine süß ___ (23) Haustiere, keinen klein ___ (24) Hund und keine niedlich ___ (25)

Katze bestellen. Auch frisch (26) Lebensmittel gibt es hier nicht.

Für die Online-Bestellung gibt es diese einfach (27) Schritte:

- Man wählt die Waren online aus und bestellt die ausgesucht (28) Waren direkt auf der Homepage.
- Außerdem füllt man die offen (29) Felder vom Onlineformular aus, zum Beispiel den eigen (30) Vor- bzw. Nachnamen und die aktuell (31) Adresse. Man darf nicht vergessen, die Kontonummer in das passend (32) Feld zu tippen.
- Bei Problemen ruft man die nett (33) Frau oder den nett (34) Mann vom Kundenservice an oder schreibt eine kurz (35) E-Mail.

7 LIEBLINGSSTAR

Suchen Sie mit Ihrem Handy ein Foto von Ihrem Lieblingsstar und beschreiben Sie diese Person Ihrem Partner / Ihrer Partnerin. Er/Sie muss den Star erraten.

- Größe, Alter
- Haare, Augen
- besondere Merkmale (Brille, Bart, Piercings, Tattoos ...)
- Charakter
- ...

8 ARTIKEL- UND ADJEKTIVENDUNGEN – MEIN TRAUMHAUS

a) Ergänzen Sie die Endungen. Manche Lücken bleiben leer (/).

Ich bin Anna. Ich träume oft von d (1) perfekt (2) Haus für mich. Im Moment wohne ich in ein (3) klein (4) Stadtwohnung im fünft (5) Stock. Für manch (6) jung (7) Leute ist das ja super, aber ich brauche frisch (8) Luft und eine ruhig (9) Atmosphäre. Vor mein (10) klein (11) Fenster im Schlafzimmer gibt es seit viel (12) Monaten auch noch eine groß (13) Baustelle und ich höre d (14) ganz (15) Tag den Lärm viel (16) Bagger.

Mein Traumhaus liegt auf jeden Fall in ein (17) sehr grün (18) Umgebung. Bis zum nächst (19) Park ist es nicht weit, aber wir haben natürlich auch ein (20) groß (21) Garten mit viel (22) schön (23) Blumen und ganz viel (24) Sonne im Sommer. Nach ein (25) stressig (26) Bürotag möchte ich dann in ein (27) gemütlich (28) Hängematte* liegen, kalt (29) Weißwein trinken und relaxen. Und bei schlecht (30) Wetter setze ich mich abends auf mein (31) grün (32) Lieblingssofa vor dem Kamin und gucke ein (33) lang (34) romantisch (35) Film. In mein (36) persönlich (37) Traumhaus gibt es fünf groß (38) Sofas, in jed (39) Zimmer eins, und natürlich drei klein (40) Balkone, denn mein (41) zwei Mitbewohner brauchen ja auch ihr (42) persönlich (43) Balkon.

Ich möchte am liebsten mit mein (44) zwei (45) best (46) Freunden von mein (47) Studium zusammenwohnen. Wir hatten in d (48) Studienzeit ein (49) sehr harmonisch (50) WG. Manchmal gab es Probleme mit d (51) genau (52) Putzplan unser (53) klein (54) Badezimmers, weil wir oft schwierig (55) Prüfungen und viel (56) Stress hatten, aber schlimm (57) Streit war das nie. Ich glaube, heute brauchen wir gar kein (58) Putz- und Einkaufspläne mehr. Solch (59) nervig (60) Listen sind nur für faul (61) Studenten. Jed (62) erwachsen (63) Mensch weiß doch, wann er putzen muss.

*die Hängematte, -n

b) Richtig oder falsch? Kreuzen Sie an.

R	F		
R	F	1	Anna lebt gerne in ihrer Stadtwohnung.
R	F	2	Frische Luft und viel Ruhe sind ihr besonders wichtig.
R	F	3	Annas Traumhaus hat keinen Garten, weil es in der Nähe von einem Park steht.
R	F	4	Anna möchte in ihrem Traumhaus mehrere Balkone haben.
R	F	5	Anna hat in ihrer Studienzeit in einer 2er-WG gewohnt.
R	F	6	In ihrer alten WG haben sie sich immer viel gestritten.
R	F	7	Anna findet, dass erwachsene Menschen auch einen Putzplan brauchen.
R	F	8	Schwierige Prüfungen und viel Stress haben zu Problemen in der WG geführt.
R	F	9	Anna findet, dass alle Studenten faul sind.

c) Beantworten Sie die Fragen. Schreiben Sie ganze Sätze.

1 Warum ist es vor Annas Haus im Moment besonders laut?

2 Was möchte Anna nach einem stressigen Bürotag bei gutem Wetter machen?

3 Warum will Anna wieder mit ihren Mitbewohnern aus ihrer Studienzeit zusammenleben?

4 Warum gab es beim Putzplan manchmal Probleme?

9 INTERVIEW: MEIN BESTER FREUND / MEINE BESTE FREUNDIN

a) Sprechen Sie zu zweit.

- Wer ist Ihr bester Freund / Ihre beste Freundin?
- Wo haben Sie sich kennengelernt?
- Was haben Sie gemeinsam erlebt?
- Beschreiben Sie ihn oder sie: Charakter und Aussehen
- Wie oft sehen Sie sich heute?
- Was machen Sie am liebsten zusammen?
- Was mögen Sie an ihm oder ihr?

b) Lesen Sie den Text. Schreiben Sie dann einen eigenen Text über Ihren besten Freund / Ihre beste Freundin wie im Beispiel.

Mathilda ist meine beste Freundin. Wir kennen uns seit 10 Jahren. Ich habe sie in der Schule kennengelernt. Wir haben immer zusammen mit Puppen gespielt oder sind auf den Spielplatz gegangen. Heute ist Mathilda 23 Jahre alt, groß und schlank. Sie hat kurze, schwarze Haare, braune Augen und sie trägt eine Brille. Mathilda zeichnet gern und liest gern dicke Bücher. Sie ist sehr ruhig und intelligent. Das finde ich gut, denn ich kann gut mit ihr reden. Ich telefoniere oft mit ihr und dann sprechen wir über meinen Deutschkurs oder über die Liebe. Leider sehen wir uns selten, weil ich jetzt in Deutschland wohne. Wie schade!

10 LOBEN UND KOMPLIMENTE MACHEN

Arbeiten sie zu zweit: Partnerin/Partner A nimmt die Rolle einer Person auf den Bildern ein. Partnerin/Partner B macht ihr/ihm Komplimente oder lobt sie/ihn. Wechseln Sie dann die Rollen und wählen Sie eine neue Person von den Bildern aus.

11 *WAS FÜR EIN- / WELCH- ...?*

a) Beantworten Sie die Fragen.

1 Welche Hose trägst du heute auf der Party? (elegant, schwarz)

Ich trage die elegante, schwarze Hose.

2 Was für einen Schrank hast du heute gekauft? (groß, dunkel)

Ich habe einen

3 Welche Pizza nimmst du? (scharf, mit Peperoni)

4 Welche Bücher liest du gern? (dick, spannend)

5 In was für einem Outfit gehst du zum Bewerbungsgespräch? (blau, Anzug)

6 Mit was für einer Seife wäschst du deine Hände? (gut, teuer)

b) Sie sind sehr neugierig und möchten viel über Ihren Lernpartner / Ihre Lernpartnerin wissen. Stellen Sie Fragen und antworten Sie.

- Was für ein Handy hast du?
- Was für Schuhe trägst du gern?
- Hast du ein Fahrrad? Was für ein Fahrrad hast du?
- Welche Musik hörst du gern?
- Was für einen Sprachkurs besuchst du?
- Welche Sprachen sprichst du?
- In was für einer Stadt möchtest du gern leben?
- Was für einen Partner / eine Partnerin wünschst du dir?
- ...

1 PRÄPOSITIONEN

Ordnen Sie die Präpositonen in die Tabelle.

an | auf | aus | außer | bei | bis | durch | entlang | für | gegen | gegenüber | hinter | in | mit | nach | neben | ohne | seit | über | um | unter | von | vor | zu | zwischen

Präpositionen mit Akkusativ	Wechselpräpositionen	Präpositionen mit Dativ

2 VERBEN MIT PRÄPOSITIONEN

a) Welche Verben haben welche feste Präposition mit welchem Kasus? Ordnen Sie zu. Manche Präpositionen/ Kasus passen mehrmals.

1	abhängen	a	an	A	Akkusativ
2	berichten	b	auf	D	Dativ
3	anfangen	c	für		
4	riechen	d	für/gegen/um		
5	achten	e	mit		
6	kämpfen	f	mit/über		
7	aufhören	g	nach		
8	aufpassen	h	über		
9	ausgeben	i	von		
10	diskutieren				
11	zweifeln				

1	2	3	4	5	6	7	8	9	10	11
i										
D										

b) Schreiben Sie zu jedem Verb mit Präposition aus a) einen Beispielsatz.

1

2

3

4

5

6

7

8 ______

9 ______

10 ______

11 ______

3 PERSONALPRONOMEN: ABENDSZENEN

Ergänzen Sie die Personalpronomen in der richtigen Form.

1 *Die Mutter kommt von der Arbeit nach Hause und begrüßt ihren Mann und ihren älteren Sohn.*

Mutter: Wo ist denn dein Bruder? Hat ______ (1) sich versteckt?

Erik: Nein, ______ (2) ist in seinem Zimmer. Ich habe gerade noch mit ______ (3) gespielt, ich wollte nur kurz etwas holen.

Erik sucht in der Kiste nach einem Bagger.

Erik: Ah, da ist er ja! Da freut sich Jannis. Ich bringe ______ (4) schnell seinen Spielzeugbagger. Wir spielen nämlich Bauarbeiter!

Die Mutter und Erik hören Jannis im Kinderzimmer weinen.

Mutter: Oh, Jannis weint. Ich gehe mal zu ______ (5).

Erik: Nein, Mama! Lass mal! Heute mach ich das. Ich bin Jannis' Babysitter. ______ (6) braucht nur seine beiden Lieblingsteddys, dann ist alles wieder gut! Aber wo sind ______ (7) denn nur? Mama, kannst ______ (8) ______ (9) bitte schnell beim Suchen helfen?

Mutter: Ja klar! Ich helfe ______ (10)! Gute Idee! Die Teddys liebt Jannis wirklich, mit ______ (11) hört er bestimmt ganz schnell auf zu weinen. ... Da sind ______ (12) ja!

Erik: Super! Komm schnell! ______ (13) bringen ______ (14) Jannis!

2 *Die Familie sitzt am Tisch und isst zu Abend.*

Vater: Erik, hast ______ (15) deine Hausaufgaben gemacht?

Erik: Ja sicher! Ich habe ______ (16) gleich nach der Schule gemacht!

Mutter: Und hast ______ (17) auch dein Zimmer aufgeräumt?

Erik: Wieso? Ich habe ______ (18) doch erst gestern aufgeräumt!

Mutter: Ach, stimmt! Dann ist ja gut!

Erik: Mama, du weißt doch, dass Tom und Paul nächste Woche Geburtstag haben! Ich würde ______ (19) gerne einen Kuchen backen! Darf ich? Und ich habe sogar schon ein Lied für ______ (20) geschrieben!

Vater: Wow! Das gefällt ______ (21) bestimmt.

Mutter: Klar! ______ (22) darfst natürlich einen Kuchen backen.

Vater: Schatz! Da fällt mir ein: Deine Schwester hat angerufen. Ich habe ______ (23) gesagt, dass ______ (24) es am Abend noch einmal versuchen soll. Sie ruft ______ (25) wahrscheinlich so gegen 8 an!

Mutter: Okay. Das ist gut. Ich wollte ______ (26) sowieso noch fragen, was wir den Zwillingen schenken könnten.

Erik: ______ (27) können ihnen doch einen Spielzeugbagger schenken!

Jannis: Aber nicht meinen Bagger!

1 VERBEN MIT PRÄPOSITIONEN – DU DENKST DOCH BESTIMMT AN ...

a) Schreiben Sie zehn persönliche Sätze mit den Verben.

denken an + A | träumen von | achten auf + A | oft suchen nach | hoffen auf + A | gerne diskutieren über + A | protestieren gegen | oft lachen über + A | nachdenken über + A | gerne sprechen mit

Ich denke gerade an die Party am Wochenende.

b) Arbeiten Sie zu zweit. Was hat Ihre Partnerin / Ihr Partner geschrieben? Raten Sie und sprechen Sie wie im Beispiel. Für jede richtige Antwort gibt es einen Punkt. Wer hat die meisten Punkte?

2 VERBEN MIT PRÄPOSITIONEN – FRAGEN UND ANTWORTEN

a) Ergänzen Sie die passenden Fragewörter, die Präpositionen und die Artikelendungen.

1 ______ wartest du? – ______ d___ Bus.

2 ______ hast du gerade ______ Karl gesprochen? – ______ d___ neue Kollegin.

3 ______ interessierst du dich? – ______ Literatur und Filme.

4 ______ hilfst du deiner Nachbarin? – ______ ein___ Bewerbung.

5 ______ musst du dich in den Ferien kümmern? – ______ d___ Katze von Frau Hast.

6 ______ handelt der Text eigentlich? – ______ d___ Problemen einer Familie.

7 ______ handelt Ihre Firma? – ______ Computerteilen.

8 ______ hast du dich geärgert? – ______ d___ Sohn von Frau Hast.

9 ______ hast du dich verabschiedet? – ______ Herrn Kaiser.

b) Formulieren Sie Fragen zu den unterstrichenen Satzteilen in den Antworten.

1 ______

– Wir fangen gleich mit der Hausarbeit an.

2 ______

– Wir warten noch auf Nina.

3 ______

– Sie telefoniert mit ihrer Mutter.

4 ______

– Viele Mitbewohner halten nichts von Hausarbeit.

5 ______

– Sie bewerben sich um einen Platz in einer WG.

6 ______

– Sie sprechen nur positiv von ihren WG-Erfahrungen.

7 ______

– Über den Putzplan sprechen sie schlecht.

3 VERBEN MIT PRÄPOSITIONEN – NINAS WG

Ergänzen Sie die Präpositionen, die Pronominaladverbien und die Artikelendungen. Manche Lücken bleiben leer (/).

Nina wohnt seit fast zwei Jahren in einer 3er-WG mit ihrem Mitbewohner Claudius und ihrer Mitbewohnerin Shaimaa. (1) Heute berichtet sie ______ ihr ___ Erfahrungen in ihrer WG und spricht ______, welche Schwierigkeiten es manchmal gibt.

Manchmal gibt es unterschiedliche Meinungen zum Thema Ordnung. (2) Wann, wie und wie oft man putzt und wie sehr man sich ______ Ordnung interessiert, hängt sehr stark ______ Charakter einer Person ab. (3) Claudius hat sich gleich nach dem Einzug ______ den Putzplan in der WG informiert. (4) Der Putzplan in Ninas WG besteht ______ ein ___ Liste mit Aufgaben, ein ___ Spalte für das Datum und Feldern für die Namen. (5) Shaimaa hält aber nichts ______ dem Plan. Sie will einfach dann saubermachen, wenn sie Zeit hat oder wenn es zu schmutzig ist. (6) Sie kann sich einfach nicht ______ gewöhnen, dass sie nach Plan putzen soll.

Beim Badezimmer gibt es auch Unterschiede. (7) Oft kommt es ______ langen Wartezeiten, weil Nina so lange badet. (8) ______ beschweren sich ihre Mitbewohner. (9) Dann träumt Nina manchmal ______ ein ___ eigenen Wohnung mit eigenem Badezimmer, denn sie liebt es einfach zu baden. (10) Obwohl sie ihre WG sehr gern hat, kann sie ______ nur schwer verzichten.

Auch beim Lernen ist jeder Mitbewohner anders. (11) Claudius arbeitet viel ______ d___ Internet. (12) Er beschäftigt sich auch ______ Online-Lernspielen oder Lern-Apps. Vor den Prüfungen lernt er von morgens bis abends. (13) Er sagt, dass man ______ gute Noten sehr hart arbeiten muss und man sich nicht nur ______ sein ___ Glück verlassen darf. (14) Aber Shaimaa nimmt lieber ______ Treffen mit einer Lerngruppe teil, weil ihr das mehr Spaß macht. (15) Sie bezeichnet Claudius oft ______ Workaholic.

Das größte Problem ist jedoch die Miete für die Wohnung. (16) ______ sollen Nina und ihre Mitbewohner jetzt fast 30 Prozent mehr bezahlen. (17) Der Vermieter sagt, dass er das Geld ______ d___ Wohnung investieren will. (18) Aber Nina und ihre Mitbewohner wollen trotzdem ______ die Mieterhöhung protestieren, denn sie sind überhaupt nicht ______ einverstanden. (19) Nina sagt, dass sie sich ______ kümmert.

4 VERBEN UND ADJEKTIVE MIT PRÄPOSITIONEN – JULIA UND SUSI

a) Ergänzen Sie die Präpositionen und den Kasus bei den folgenden Adjektiven und Verben.

1 aufhören mit (+ D)
2 befreundet sein ____ ( )
3 bitten ____ ( )
4 einverstanden sein ____ ( )
5 sich entschuldigen ____ ( )
sich entschuldigen ____ ( )
6 enttäuscht sein ____ ( )
7 sich erinnern ____ ( )
8 sauer sein ____ ( )
9 sprechen ____ ( )
sprechen ____ ( )
sprechen ____ ( )
10 stolz sein ____ ( )
11 typisch sein ____ ( )
12 warten ____ ( )

b) Ergänzen Sie die passenden Adjektive oder Verben mit Präpositionen aus a). Manchmal brauchen Sie das Pronominaladverb.

(1) Julia und Susi wohnen zusammen, doch sie haben Streit, weil Susi neuerdings ____ Ferdinand ____ ist. (2) ____ dieser Freundschaft ist Julia ganz und gar nicht ____, denn Ferdinand ist ihr Ex. (3) Und wie das so ____ ____ den Ex ist: Man sieht ihn nicht gern dauernd in der eigenen Wohnung. (4) Julia ist nun ganz schön ____ ____ ihre ehemals liebste Mitbewohnerin und ____ nicht mehr ____ ihr. (5) „Ich darf doch wohl ____ ein klein bisschen Verständnis ____!", denkt sich Julia. (6) Susi kann das gar nicht verstehen und ist ziemlich ____ ____ ihrer Mitbewohnerin. (7) Julia war doch immer so ____ ____, dass Ferdinand und sie nach der Trennung noch befreundet waren. (8) Und auf einmal ____ sie ständig schlecht ____ Ferdinand? (9) „Wir sind hier doch nicht im Kindergarten!", denkt sich Susi und ____ ____, dass Julia vernünftig wird und sich ____ ihr ____. Und Ferdinand? (10) Der ____ sich ja noch nicht einmal ____ seine Beziehung mit Julia, sonst würde er bestimmt ____ ____, Susi täglich zu besuchen.

5 GEBURTSTAGSFEIER IN DER WG

a) Lesen Sie die Fragen. Hören Sie dann den Text zum ersten Mal und antworten Sie.

1 Wer hat Geburtstag?

2 Wie alt wird die Person?

3 Worum geht es in dem Gespräch? Schreiben Sie ein paar Stichworte.

b) Lesen Sie die Fragen. Hören Sie dann den Text ein zweites Mal und antworten Sie.

1 Richtig oder falsch? Kreuzen Sie an.

R	F	1	Alex verspätet sich um 30 Minuten.
R	F	2	Alex hat sich in der Bibliothek drei Bücher ausgeliehen.
R	F	3	Obwohl Alex viel für die Prüfung gelernt hat, fand er sie sehr schwierig.
R	F	4	In vier Wochen muss Alex eine Physikklausur schreiben.
R	F	5	Nora hat die Hausbewohner darüber informiert, dass am Samstag eine Party ist.

2 Was ist richtig? Kreuzen Sie an.

1 Nora will keinen Ärger mit den Hausbewohnern haben, deshalb ...

- A achtet sie darauf, dass die Musik nicht zu laut wird.
- B hat sie sie auch zur Party eingeladen.
- C feiert die WG nur selten Partys.

2 Florian baut die Musikanlage in seinem Zimmer auf, da ...

- A dort der Computer und die Boxen stehen.
- B in den anderen Zimmern das Essen stehen soll.
- C es das größte Zimmer ist.

3 Die WG hat dafür gesorgt, dass ...

- A schon alle Getränke da sind.
- B die Gäste etwas zu essen mitbringen.
- C Florian ein Geschenk zum Geburtstag bekommt.

4 Die WG hat kein eigenes Auto, ...

- A aber Florian hat über Carsharing von 10 bis 17 Uhr ein Auto gebucht.
- B deshalb brauchen Florian und Alex sieben Stunden für die Einkäufe.
- C daher müssen Florian und Alex die Getränke mit dem Taxi nach Hause bringen.

3 Erinnern Sie sich? Wer soll sich worum kümmern? Hören Sie ggf. den Text ein drittes Mal. Ordnen Sie die Personen, die Aufgaben und die Verben zu und schreiben Sie ganze Sätze. Eine Aufgabe und ein Verb bleiben übrig.

1 Eva und Nora	A Speisen und Salate	a ablegen
2 Alex	B Getränke	b aufstellen
3 Florian	C Möbel	c besorgen
4 Florian und Alex	D Jacken	d machen
5 die Gäste	E Dessert	e mitbringen
	F Musikanlage	f umräumen

1	2	3	4	5

1
2
3
4
5

c) Arbeiten Sie in Kleingruppen. Organisieren Sie eine Party: Geburtstag, Abschiedsparty, Willkommensparty für neue/n Mitbewohner/in, Verlobung, Hochzeit, ...

6 SATZNEGATION – ICH WAR'S NICHT!

Rüdigers Mitbewohner wollen mit ihm sprechen. Aber die Unterhaltung ist nicht schön. Sie glauben, dass er alles falsch macht. Rüdiger streitet alles ab. Ergänzen Sie Rüdigers Antworten mit *nicht*.

- Rüdiger, weißt du, warum wir heute mit dir reden wollen?
- (1) Nein, ich weiß nicht, warum ihr mit mir reden wollt.
- Gut, dann beantworte uns doch bitte mal ein paar Fragen! Rüdiger, hast du die Toilette verstopft?
- (2)
- Duschst du mit meinem Duschgel?
- (3)
- Ständig hängt deine Freundin hier rum. Wohnt sie hier?
- (4)
- Hast du die Plastikpackungen in den Biomüll geworfen?
- (5)
- Hast du heimlich meinen Joghurt gegessen?
- (6)
- Hast du die schöne Kaffeekanne zerbrochen?
- (7)

- Macht dich dieses Gespräch nervös?
- (8) ____________________
- Okay, und weißt du vielleicht, wer das Werkzeug in mein Bett gelegt hat?
- (9) ____________________
- Warum schaust du so komisch? Lachst du?
- (10) ____________________
- Glaubst du, dass das hier lustig ist?
- (11) ____________________
- Rüdiger, wohnst du eigentlich gerne mit uns zusammen?
- (12) ____________________

7 NEGATION – MAIL VON CHANTAL

Ergänzen Sie *nicht* oder *kein-* (plus Endung).

Von: chantal92@p-mail.de
Betreff: Mein Auslandssemester – ist echt kein (1) Spaß!
An: elli@p-mail.de

Antworten | Weiterleiten | Löschen

Hallo Elisabeth,

ich schicke dir eine kurze Mail, weil ich ________ (2) viel Zeit habe. Ich fürchte, das Auslandssemester war ________ (3) gute Idee.
Mein Englisch ist ________ (4) so gut, ich habe ________ (5) Kontakt zu den anderen Studenten und auch im Wohnheim habe ich ________ (6) Freunde. Und das Studium macht auch ________ (7) Spaß. Ich verstehe die Dozenten ________ (8) und meine Betreuerin kümmert sich ________ (9) um mich. Sie sagt, sie hat ________ (10) Zeit, sich mit jedem einzelnen Studenten zu beschäftigen. Da ist es doch ________ (11) Wunder, dass ich überhaupt ________ (12) motiviert bin, oder?
Im Studentenwohnheim ist es auch ________ (13) schön! Das Zimmer hat ________ (14) Heizung, das Internet funktioniert ________ (15) und die meisten Studenten sind auch ________ (16) nett. Ich habe zu meinen Kommilitonen ________ (17) gutes Verhältnis, ist das ________ (18) traurig? Es gibt ________ (19) gemeinsamen Aktivitäten, ________ (20) gemeinsames Lernen, ________ (21) Sport – es gibt hier nichts! Ich kann hier gar ________ (22) entspannen. Und auch das Wetter ist ________ (23) gut! Wir können ________ (24) in die Stadt gehen und etwas unternehmen. Immerzu regnet es, ________ (25) Sonne, ________ (26) Frühling, ________ (27) einziger schöner Tag! Man kann abends auch ________ (28) mit dem Bus zurück zum Wohnheim fahren, weil ab 22 Uhr ________ (29) Bus mehr fährt …
Also, ich kann diese Stadt und die Uni wirklich ________ (30) empfehlen. Wenn du eventuell planst, hier zu studieren: Tu's ________ (31)!

Viele Grüße
Chantal

8 TEILNEGATION – NICHT ICH, SONDERN MAX

Verneinen Sie die unterstrichenen Satzteile in je einem Satz.

1 Hast <u>du</u> <u>heute</u> <u>das Bad</u> geputzt?

- Nein, nicht ich habe das Bad geputzt*, sondern Max.
- Nein, ich habe das Bad nicht heute geputzt*, sondern schon gestern.
- Nein, ______, sondern die Küche.

2 Rufst du <u>heute noch</u> <u>den Vermieter</u> an?

- Nein, ______, sondern morgen.
- Nein, ______, sondern den Hausmeister.

3 Hast <u>du</u> <u>meinen Joghurt</u> <u>gegessen</u>?

- Nein, ______, sondern Susanne.
- Nein, ______, sondern meinen Joghurt.
- Nein, ______, sondern weggeworfen – er war nicht mehr gut!

4 Soll ich den Vertrag <u>hier unten</u> unterschreiben?

- Nein, ______, sondern auf der letzten Seite.

*In der gesprochenen Sprache wiederholt man oft nicht den ganzen Satz, sondern nur den falschen Satzteil: *Hast <u>du</u> heute das Bad geputzt? – Nein, <u>nicht ich</u>, sondern Max. Hast du <u>heute</u> das Bad geputzt? – Nein, <u>nicht heute</u>, sondern gestern.*

9 NEGATION – HAST DU SCHON …?

Verneinen Sie die Sätze mit *noch nicht / noch kein-* (plus Endung) bzw. *nicht mehr / kein- … mehr* (plus Endung).

1 Hast du dich schon um die Bahntickets gekümmert? –
Nein, ich habe mich noch nicht um die Tickets / darum gekümmert.

2 Ist Vera noch da? Ich muss mit ihr sprechen. –
Nein, ______

3 Gibt es noch Orangensaft im Kühlschrank? –
Nein, ______

4 Hast du schon eine Idee, was wir machen sollen? –
Nein, ______

5 Glaubst du, dass Sabine noch kommt? –
Nein, ich glaube, dass ______

6 Ist der Zug nach Köln schon abgefahren? –
Nein, ______

7 Darf das Kind diesen Film schon sehen? –
Nein, der Film ist erst ab 16 Jahren. ______

8 Haben Sie sich schon zur Prüfung angemeldet? –

Nein,

9 Ist die Anmeldung zur Prüfung denn noch möglich? –

Nein,

10 Habt ihr noch Lust auf Grammatik? –

Nein,

11 Bist du schon fertig? –

Nein,

10 WG-LEBEN

Arbeiten Sie in Kleingruppen. Sie wohnen in einer WG. Sprechen Sie über die folgenden Themen.

- Putzen
- Einkaufen
- Partys
- Besuch von Freunden
- Haustiere
- Gemeinschaftsraum
- Kochen/Essen
- ...

11 HAUSHALT

a) Finden Sie die Wörter rund um das Thema Haushalt und ordnen Sie sie in die Tabelle ein. Ergänzen Sie bei Nomen den Artikel.

ALPUTZENKASTAUBSAUGERKNMSAUBEREIMSAUGENKLAMSPÜLENHARAUFRÄUMENQUAEIMERAUNOWISCHEN

BÜRSTEHAMWASCHMASCHINEOLAMPUDIABTROCKNENLINGODRECKIGMANUNORDENTLICHAMPLUMBÜGELN

KOMMUGARTSTAUBLICH

Nomen	Verben	Adjektive

b) Ergänzen Sie weitere Wörter zum Thema.

12 REGELN FÜR EIN GLÜCKLICHES WG-LEBEN

Lesen Sie den Text und beantworten Sie die Fragen.

Abitur geschafft, endlich raus aus dem Elternhaus und rein ins Studentenleben. Du willst nicht allein wohnen, aber die Warteliste des Studentenwohnheims ist viel zu lang? Dann ist die Wohngemeinschaft – kurz: WG – genau das Richtige für dich. Gemeinsames Kochen, immer Bier im Kühlschrank und einen Freund im Zimmer nebenan. Doch dieser Traum wird bei vielen schnell zum *Albtraum*, darum *raten* wir: Wähl deine Mitbewohner *sorgfältig* aus! Für ein freundliches Zusammenleben braucht man freundliche Mitbewohner. Lass dir daher Zeit bei der Suche! Verbring erst ein paar Abende mit den möglichen Mitbewohnern und lern sie kennen! Regel Nummer 2: Sei immer ehrlich! Du bist kein großer *Putzfreund*? Und brauchst hin und wieder deine Ruhe? Partys jeden Abend sind nichts für dich? Dann sag es offen und ehrlich. Denn spätestens beim ersten Putzdienst *kommt die Wahrheit ans Licht*. Apropos Putzdienst: Putzplan klingt langweilig? Vielleicht. Trotzdem sind Regeln für das gemeinsame Wohnen enorm wichtig. Regel Nummer 3 lautet daher: Regelt euer WG-Leben durch Regeln. Putzpläne, WG-Kasse und eine klare Trennung von Meins und Deins! Das klingt sicher nicht nach wilder Freiheit, wie man sie sich für das Studentenleben gewünscht hat. Doch stell dir vor: Du kommst nach Hause und dein Mitbewohner hat gerade deine letzte Tiefkühlpizza aufgegessen, obwohl du deinen Namen in fetten Druckbuchstaben auf die Packung geschrieben hast. Da ist der erste Streit vorprogrammiert! Am besten handelt ihr also Regeln in gemeinsamer Runde aus, sodass sie für alle *verbindlich* sind. Dann *steht* einem friedlichen WG-Leben *nichts* mehr im *Wege*.

1 Was bedeuten diese Ausdrücke aus dem Text? Kreuzen Sie an.

1 der Albtraum (Zeile 4)

- **A** ein Traum von den Alpen
- **B** ein sehr schöner Traum
- **C** ein sehr schlechter Traum

2 raten (Zeile 5)

- **A** einen Tipp geben
- **B** sagen
- **C** eine Frage stellen

3 sorgfältig (Zeile 5)

- **A** gut und in Ruhe
- **B** aus dem Gefühl heraus
- **C** spontan

4 der Putzfreund (Zeile 8)

- **A** Freund von WGs
- **B** jemand, der gern putzt
- **C** jemand, der gut putzt

5 die Wahrheit kommt ans Licht (Zeile 9)

- **A** andere erfahren die Wahrheit
- **B** eine Lüge erzählen
- **C** die Wahrheit sagen

6 verbindlich (Zeile 16-17)

- **A** fix, eine Regel
- **B** unwichtig, egal
- **C** akzeptabel, okay

7 nichts steht ... im Wege (Zeile 17)

- **A** Es ist ein schwerer Weg.
- **B** Es gibt kein Problem.
- **C** Es ist schwierig.

2 Welche Regeln garantieren ein harmonisches WG-Leben?

-
-
-

3 Welche Beispiele für WG-Regeln nennt der Text?

-
-
-

4 Kreuzen Sie an: richtig oder falsch?

R	F	1	Du willst nicht alleine wohnen? Schreib dich auf die Warteliste im Wohnheim!
R	F	2	Man sollte mögliche Mitbewohner erst kennenlernen und dann zusammenziehen.
R	F	3	Spätestens beim Putzen sagt man die Wahrheit.
R	F	4	Putzpläne sind unwichtig.
R	F	5	Das gehört mir, das gehört dir. In einer WG sollte man klare Grenzen ziehen.
R	F	6	Es gibt Streit, wenn der Mitbewohner deine Pizza isst.

13 REFLEXIVE VERBEN

a) Ergänzen Sie die Reflexivpronomen im Akkusativ.

1 Heike interessiert ______ für Musik. Interessierst du ______ auch für Musik?

2 Medienstudenten beschäftigen ______ mit Fernsehen, Zeitungen und dem Radio. Womit beschäftigt ihr ______? – Wir beschäftigen ______ mit ...

3 Kann ich ______ beim Putzen des Badezimmers auf die Dusche beschränken? – Auf keinen Fall! Putz auch das Waschbecken und das Klo!

4 Hat er ______ nicht an der Universität beworben? – Ja, ich habe ______ auch sehr darüber gewundert. Er hat ______ doch so für dieses Studium interessiert.

5 Meine Mitbewohner beschweren ______ über den Lärm.

6 Meine Mitbewohner unterhalten ______ ständig über den Putzplan. Ich will ______ aber darüber nicht unterhalten. Ich langweile ______.

b) Ergänzen Sie die Reflexivpronomen. Überlegen Sie: Akkusativ oder Dativ?

1 Alle Mitbewohner sollten ______ die WG-Regeln gut merken.

2 Seine Mitbewohner beschweren ______ fast täglich über Heinrichs egoistisches Verhalten.

3 Über sein Verhalten wundere ich ______ sehr!

4 Ich bin nicht sicher, ob ich ______ die Miete wirklich leisten kann.

5 Heinrich interessiert ______ leider nur für sich selbst.

6 Die meisten Männer rasieren ______ fast täglich.

7 Zum nächsten Semester wünsche ich ______ einen neuen Mitbewohner.

8 Meine Mitbewohnerin schminkt ______ morgens immer viel zu lange! Ich verpasse regelmäßig meinen Bus!

9 Man sollte ______ über die Verhaltensregeln in einem Studentenwohnheim gut informieren.

10 Könnt ihr ______ eure Nudeln bitte nicht mitten in der Nacht kochen? Ich will schlafen!

11 Wo ist das Badezimmer? Ich muss ______ die Hände waschen.

12 Zum Duschen habe ich keine Zeit mehr. Ich wasche ______ schnell.

13 Ich möchte ______ kurz vorstellen: Ich heiße Erkan und komme aus der Türkei.

14 Meine Mitbewohnerin will ______ die Haare färben. Kannst du sie ______ mit roten Haaren vorstellen? – Nein, das kann ich ______ gar nicht vorstellen! Ich glaube, daran kann ich ______ nur schwer gewöhnen.

15 Ich bin vollkommen fertig! Ich muss ______ mal ein paar Tage ausruhen.

16 Kannst du ______ in der nächsten Woche um meinen Hund kümmern?

14 IMPERATIV – WG-REGELN

Ihr neuer Mitbewohner stellt Ihnen Fragen zum Verhalten in der Wohnung. Schreiben Sie die Antworten im Imperativ wie im Beispiel.

1 Wann muss ich mich abends ins Bett legen? –

Leg dich jeden Abend um ______

2 Wie lange darf ich mich duschen? –

Dusch dich nicht länger als ______

3 Muss ich mir den Putzplan merken? –

Ja, merk dir den Putzplan!

4 Darf ich mich im Flur föhnen? –

______

5 Soll ich mich mit den Nachbarn gut verstehen? –

______

6 Muss ich mich im Bad beeilen? –

______

7 Bei wem kann ich mich beschweren, wenn mir etwas nicht gefällt? –

______

8 Muss ich mich bei den Nachbarn vorstellen? –

______

9 Wo kann ich mir morgens meinen Kaffee kochen? – ______

10 Kann ich mich in deinem Zimmer ausruhen? – ______

15 REFLEXIVPRONOMEN VS. PERSONALPRONOMEN

Ergänzen Sie die Pronomen im richtigen Kasus. Überlegen Sie: Reflexivpronomen oder Personalpronomen?

1 Peter will ______ verlieben. Deshalb meldet er ______ bei einer Online-Dating-App an. Seine Mutter meldet ______ zu einem Tanzkurs an, dort soll er Mädchen kennenlernen.

2 Charlotte kümmert ______ heute um das Abendessen. ______ kann sehr lecker kochen. ______ kennt ______ mit asiatischen Gerichten sehr gut aus. Zum Beispiel kennt ______ die Rezepte für Frühlingsrollen, Wok-Gemüse und Sushi.

3 Und ich? ______ beschäftige ______ mit meinen Hausaufgaben. Deutsch ist ganz schön schwer!

4 Der Student ärgert ______ über sein Wohnheimzimmer. ______ ist klein und befindet ______ im Keller des Wohnheims. Das Internet funktioniert auch nicht. Bei den anderen Studenten beschwert ______ ______ oft darüber. Aber bei seinen Eltern will er auch nicht mehr wohnen, denn dort ärgert ______ immer sein kleiner Bruder.

5 Sandy macht ihr Studium großen Spaß, ______ gefällt ______ sehr gut. ______ findet ______ sehr interessant und kann ______ kein anderes Studium vorstellen.

6 Morgen bewerbe ______ ______ um ein Praktikum. Für das Bewerbungsgespräch ziehe ______ ______ schön an, wasche ______ die Haare und schminke ______.

7 Ich muss ______ auf meine Prüfungen vorbereiten. Aber dafür brauche ______ unbedingt meinen Lieblingskaffee mit Karamellsirup. ______ bereite ______ ______ immer vor dem Lernen zu, ohne ______ geht gar nichts.

16 REFLEXIVE VERBEN UND PRÄPOSITIONEN

a) Ergänzen Sie die passenden Präpositionen zu den reflexiven Verben.

1 sich ärgern ______ ( )
2 sich bedanken ______ ( )
3 sich beeilen ______ ( )
4 sich betrinken ______ ( )
5 sich bewerben ______ ( )
6 sich fürchten ______ ( )
7 sich kümmern ______ ( )
8 sich schämen ______ ( )
9 sich verlieben ______ ( )
10 sich wenden ______ ( )
11 sich wundern ______ ( )

b) Ergänzen Sie die passenden Verben aus a) und die Reflexivpronomen. Manchmal stehen die Verben in den Sätzen ohne Präposition.

1 Die Bahn hat schon wieder die Ticketpreise erhöht – darüber kann man _____ wirklich nur noch _____!
2 Ich _____ _____ für Ihre Aufmerksamkeit und wünsche einen schönen Abend.
3 Wir _____ _____ um dieselbe Stelle und hoffen sehr, dass der Arbeitgeber zwei neue Mitarbeiter einstellt.
4 Würdest du _____ bitte um das Projekt _____? Ich habe noch so viele andere Aufgaben auf meiner Liste ...
5 Es ist spät, dein Zug kommt gleich. Du musst _____ _____!
6 Anton hat _____ gestern auf der Party total _____. Heute Morgen hat er uns dann Geschichten erzählt, für die er _____ wirklich _____.
7 Maria hat _____ in Juan _____, er aber hat _____ leider nicht in sie _____.
8 Die meisten Kinder _____ _____ vor der Dunkelheit.
9 Wenn Sie noch Fragen haben, können Sie _____ an das Sekretariat _____.
10 Was erzählst du mir da? So langsam _____ ich _____ echt über nichts mehr!

17 HERR OBACHTS MORGEN

Herr Obacht hat einen seltsamen Morgen. Was ereignet sich hier? Schreiben Sie eine Geschichte zu den Bildern.

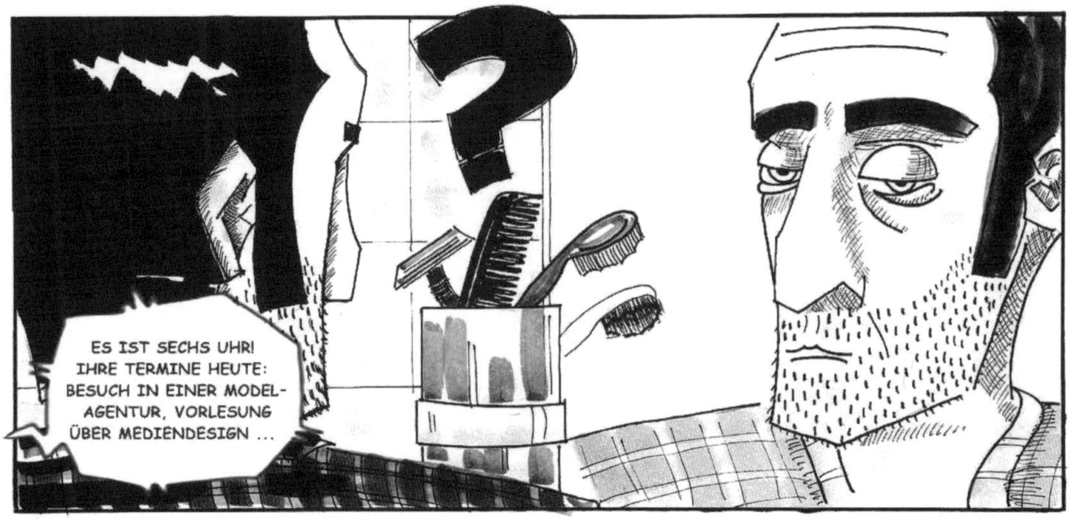

18 REZIPROKE UND REFLEXIVE VERBEN

a) Ergänzen Sie Reflexiv- oder Reziprokpronomen. Wo passt auch *einander*?

1 Michael und Janina küssen ______.

2 Die Frau küsst ______.

3 Heinrich liebt ______.

4 Das Paar liebt ______.

Die Partner lieben ______.

5 Die Geschwister ärgern ________.

Sie ärgern ________ über ________.

6 Die Frau ärgert ________ sehr.

b) Tipps für frisch gebackene Ehepaare: Ergänzen Sie Reflexiv- oder Reziprokpronomen. Manchmal gibt es mehrere Lösungen.

1 Liebt und ehrt ________!

2 Respektiert ________ in guten und in schlechten Zeiten!

3 Verzeiht ________, wenn einer von euch mal einen Fehler macht!

4 Kritisiert ________ nicht ständig!

5 Redet viel mit ________!

6 Macht ________ Komplimente! Ein liebes Wort hört jeder gern.

7 Das gilt für Frauen wie für Männer: Kümmert ________ um euren Körper! Euer Partner hat ________ schließlich auch in diesen Körper verliebt!

8 Passt auf ________ auf, denn ihr seid sehr wichtig für ________!

9 Akzeptiert ________, wie ihr seid. Ihr werdet euren Partner nicht ändern!

10 Auch, wenn ihr jetzt verheiratet seid: Vergiss ________ selbst nicht! Schenk ________ Zeit für deine Hobbys und andere Interessen! Dein Partner ist nicht alles!

11 Ändere ________ nicht für deinen Partner! Und versuch nicht, deinen Partner zu ändern!

1 NEBENSÄTZE

Farah berichtet von ihren ersten Erfahrungen in Deutschland. Sie spricht schon sehr gut Deutsch, hat aber noch ein paar Probleme mit den Nebensätzen. Korrigieren Sie die unterstrichenen Sätze.

Ich bin inzwischen schon ein halbes Jahr in Deutschland. Bei meiner Ankunft war ich ziemlich überrascht, denn die Leute hier sind ganz anders, als ich habe sie mir vorgestellt (1).

..., als ich sie mir

In meiner Heimat sagte man immer, dass die Deutschen sind so kalt und distanziert (2).

Bei meiner Ankunft am Kölner Flughafen war das aber gar nicht so. Die Menschen dort waren sehr freundlich zu mir. Sie haben mir meine Fragen auf Englisch beantwortet, weil ich habe ja damals gesprochen noch kein Wort Deutsch (3). Ich weiß nicht, ob die Deutschen in Hamburg sind genauso freundlich (4). Aber hier in Köln bin ich wirklich zufrieden! In meinem Wohnheim haben mich auch alle freundlich begrüßt, obwohl damals war ich sehr schüchtern (5). Okay, ich denke, dass aus dem Studentenwohnheim die Leute sind nicht alle Deutsche (6), aber trotzdem: Meine ersten Erfahrungen mit den Deutschen waren wirklich gut. Das war wirklich wichtig für mich, weil damals ich war sehr aufgeregt (7). Die ersten Wochen waren am Ende viel einfacher, als habe ich gedacht (8). Heute ist es natürlich noch einfacher, weil viele neue Freunde ich habe gefunden und inzwischen die Sprache spreche ich ganz gut (9).

2 VERBTABELLE

Ergänzen Sie die Tabelle.

Infinitiv	Imperativ	Partizip II	Hilfsverb im Perfekt
gehen	(du) Geh!	gegangen	sein
sein	(ihr) ___ still!		
	(Sie) ___	gelaufen	
	(du) ___ keine Angst!	gehabt	
	(ihr) Setzt euch!		
vergessen	(Sie) ___ es!		
	(du) ___ mich!	geheiratet	
werden	(ihr) ___ erwachsen!		
	(Sie) ___ die Tür!	geöffnet	haben
sich ärgern	(du) ___ nicht!		
	(ihr) ___	aufgeräumt	

1 LERNEN

Welche Wörter fallen Ihnen zum Thema Lernen ein? Schreiben Sie sie in die Mindmap.

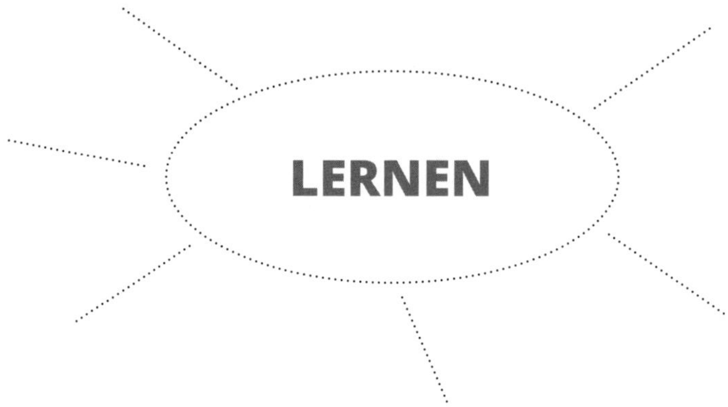

2 GEDÄCHTNISTRAINING

a) Das Gedächtnis ist beim Vokabellernen sehr wichtig! Welche Erinnerungstechniken benutzen Sie beim Vokabellernen? Sprechen Sie im Kurs über Ihre persönlichen Techniken.

b) Testen Sie Ihr Gedächtnis: Sehen Sie sich die Vokabeln aus dem Kasten an. Sie haben dafür 30 Sekunden Zeit. Decken Sie dann die Vokabeln ab und notieren Sie alle Wörter, an die Sie sich noch erinnern können. Wie viele Wörter haben Sie sich gemerkt?

Lehrer	Kopfschmerzen	Sofa	Regel
Fußball	Tante	ordentlich	freundlich
Herbst	traurig	Internet	umziehen
warm	Arm	Bus	putzen

3 MEINE BILDUNGSBIOGRAFIE

a) Lesen Sie die Bildungsbiografie von Anna. Markieren Sie wichtige Redemittel für Ihre eigene Bildungsbiografie.

Ich bin 20 Jahre alt und mache momentan eine Ausbildung zur Fitnesskauffrau. Nächstes Jahr schließe ich meine Ausbildung ab und bekomme einen festen Arbeitsvertrag von meinem Arbeitgeber.
Nach dem Kindergarten habe ich vier Jahre lang die Grundschule besucht und bin dann auf die Realschule gewechselt. Dort habe ich mit der Mittleren Reife abgeschlossen und bin dann zwei weitere Jahre auf ein Gymnasium gegangen. Dort habe ich mein Abitur gemacht.
Nach dem Abitur hatte ich erst einmal genug vom Lernen und wollte praktisch arbeiten, also habe ich eine Ausbildung begonnen. Ich arbeite seit 2 Jahren in einem großen Fitnessstudio in unserer Stadt. Zweimal in der Woche gehe ich in die Berufsschule. Die Ausbildung macht mir sehr viel Spaß.
Später würde ich gern BWL studieren. Vielleicht mache ich das als Fernstudium.

b) Schreiben Sie Ihre eigene Bildungsbiografie wie im Beispiel von a).

4 VERRÜCKTE HOBBYS

a) Welche Hobbys haben Sie? Sprechen Sie im Kurs.

b) Was sehen Sie auf den Bildern? Sammeln Sie Wörter im Kurs.

c) Lesen Sie den Text und beantworten Sie die Fragen.

Welche Hobbys haben Sie? Schwimmen? Shoppen? Lesen? Wenn man die Deutschen fragt, dann ist Gartenarbeit das beliebteste Hobby. Auf dem zweiten Platz steht Einkaufen und auf dem dritten Platz Rätsellösen. Auch Essengehen, Computerspielen, Wandern und Fußball sind normale Hobbys von vielen Deutschen.

Es gibt aber auch spezielle, lustige und verrückte Hobbys. Was denken Sie zum Beispiel über das Hobby Brennnesselessen? Wenn man diese Pflanze berührt, spürt man einen brennenden Schmerz. Wieso sollte man sie also roh essen? Okay, sie gelten als gesund! Aber das ist wohl nicht der Grund dafür, weshalb einige Leute in ihrer Freizeit gern auf spezielle Brennnessel-Wettkämpfe fahren, um dort Brennnesseln zu verspeisen. Wohl eher tun sie es deshalb, weil sie ihren Freunden und Familien später erzählen können, wie tapfer sie waren.

Ein anderes skurriles Hobby ist das Hirschrufen. Die Leute imitieren die Sprache eines Hirschs und versuchen, mit dem Tier zu kommunizieren. Das Ziel ist, einen Hirsch anzulocken. Er soll sich dem „mit dem Hirsch sprechenden" Menschen nähern. Viele Jäger benutzen diesen Trick.

Vielleicht gefällt Ihnen auch dieses Hobby: die Tomatenschlacht. In der spanischen Stadt Buñol findet jedes Jahr ein Fest statt. Bei diesem Fest bewerfen sich ca. 40.000 Menschen mit Tomaten. Die Menschen reisen für dieses Fest aus der ganzen Welt an.

Aber die Liste der skurrilen Hobbys ist noch viel länger. Von Gummistiefelweitwurf über Bürogolf bis zu Luftgitarre spielen. Die Menschen beweisen viel Kreativität, wenn es um ihre Hobbys geht.

1 Welche Hobbys nennt der Text?

2 Richtig oder falsch? Kreuzen Sie an.

R	F	1	Essengehen, Rätsellösen und Bürogolf sind normale Hobbys der Deutschen.
R	F	2	Menschen denken, dass Brennnesseln gut für die Gesundheit sind.
R	F	3	Menschen fahren auf Brennnessel-Wettkämpfe, weil sie gern Brennnesseln essen.

3 Erklären Sie die Wörter mit eigenen Worten.

1 skurril (Z. 11):

2 jdn./etw. (A) imitieren (Z. 11):

3 jdn./etw. (A) anlocken (Z. 12):

4 Was steht im Text? Kreuzen Sie an.

1
- **A** Menschen imitieren die Sprache von Hirschen, weil sie zum Hirsch werden wollen.
- **B** Menschen imitieren die Sprache von Hirschen, weil sie damit Hirsche rufen wollen.
- **C** Menschen imitieren die Sprache von Hirschen, um sich mit ihnen zu unterhalten.

2
- **A** Jedes Jahr bewerfen sich 40.000 Spanier in Buñol mit Tomaten.
- **B** Jedes Jahr feiern die Menschen in Buñol ein Fest mit 40.000 Tomaten.
- **C** Bei der Tomatenschlacht in Buñol werfen die Menschen Tomaten aufeinander.

d) Was halten Sie von den Hobbys im Text? Sprechen Sie in Kleingruppen.

e) Schreiben Sie einen kurzen Text über Hobbys. Folgende Fragen können Ihnen dabei helfen:

- Welche Hobbys haben Sie?
- Was denken Sie: Sind diese Hobbys normal, beliebt, verrückt oder außergewöhnlich?
- Kennen Sie Menschen mit verrückten Hobbys? Welche Hobbys sind das?
- Welche Hobbys mögen Sie, welche nicht?
- Welche Hobbys sind in Ihrer Heimat beliebt?

5 DAS SCHULSYSTEM IN NORDRHEIN-WESTFALEN (NRW)

Schreiben Sie einen Text über das Schulsystem in Deutschland. Beschreiben Sie dazu die Grafik.

In Deutschland besuchen alle Kinder die … Meistens sind sie … alt. Die Grundschule dauert …

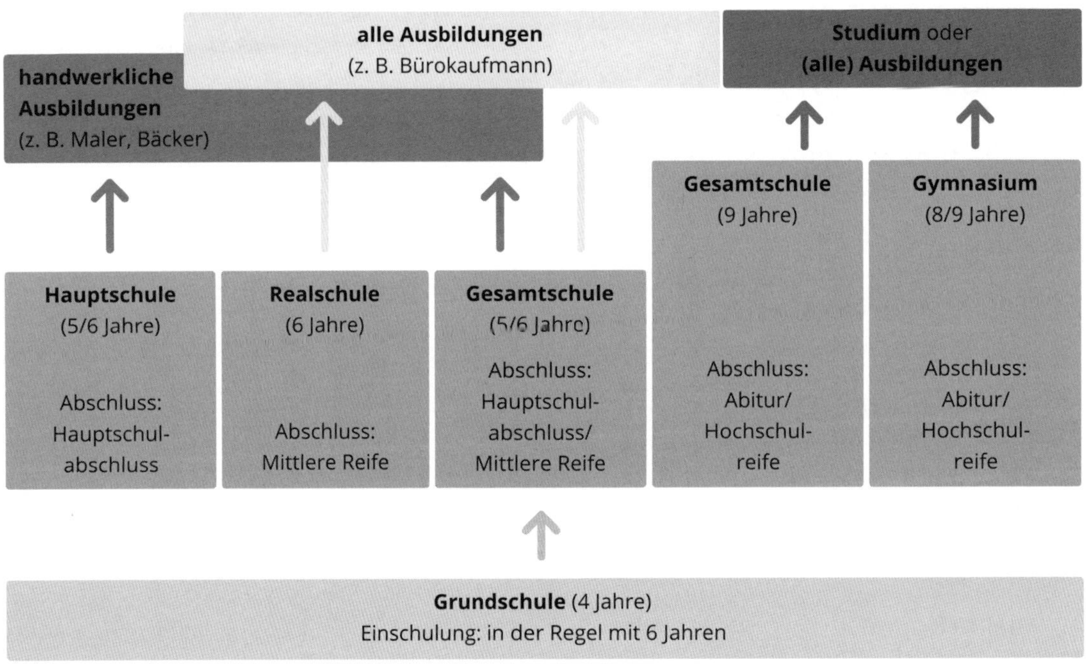

6 ENDUNGEN – MONSTER!

Ergänzen Sie die Endungen. Manche Lücken bleiben leer (/).

Was ist passiert, wenn erwachsen ___ (1) Menschen auf der Straße stehen und schreien: „Ich habe ein Monster gefangen!"? Die virtuelle Monsterjagd hat Deutschland erreicht. In d ___ (2) spannend ___ (3) Handyspiel müssen Menschen klein ___ (4) Fantasiewesen fangen und trainieren. Alle wollen ein selten ___ (5) oder stark ___ (6) Wesen fangen, weil man damit in einer Arena kämpfen kann. An verschieden ___ (7) Stopps bekommt man schwach ___ (8) oder stark ___ (9) Monsterbälle für das Fangen von niedlich ___ (10), klein ___ (11) und gefährlich ___ (12) Monstern. Wenn man die Bälle nach dem Einfangen vergräbt, dann werden auch aus d ___ (13) klein ___ (14) Wesen riesig ___ (15) und stark ___ (16) Monster. Dieses Spiel gab es schon vor 20 Jahren. Damals haben es Kinder auf ein ___ (17) klein ___ (18) Konsole gespielt. Heute sind die Spieler 20 Jahre älter. Sie jagen nach d ___ (19) größt ___ (20) und stärkst ___ (21) Monster ___ (22), weil sie sehr selten ___ (23) sind. Beliebt sind aber auch d ___ (24) süßest ___ (25) und schönst ___ (26) Monster. Langweilig ___ (27) Monster ignorieren sie. Kennt und spielt ihr das Spiel auch? Dann Achtung, schaut immer auf die Straße! Wenn ihr bei ein ___ (28) rot ___ (29) Ampel über die Straße geht, war es vielleicht euer letzt ___ (30) selten ___ (31) Monster!

7 KOMPARATIV UND SUPERLATIV – WER WEIß ES?

a) Arbeiten Sie in Kleingruppen. Beantworten Sie die Fragen in ganzen Sätzen. Benutzen Sie kein Handy. Sie kennen die Antwort nicht? Dann raten Sie!

1. Welches Land ist am größten? – *Russland ist das größte Land.*
2. Welche Stadt ist wärmer als Dresden? – *Barcelona ist wärmer als Dresden.*
3. Was ist das schnellste Tier? – ___
4. Wie alt ist der älteste Mensch? – ___
5. Wie heißt der größte Baum der Welt? – ___
6. Wie schnell fährt das schnellste Auto? – ___
7. Welche Sprache ist noch älter als Latein? – ___
8. Welche Sprache hat die meisten Sprecher? – ___
9. Welche Stadt hat die meisten Einwohner? – ___
10. Welcher Fluss ist länger als die Elbe? – ___
11. Welches Gebäude ist höher als der Eiffelturm? – ___
12. Welche deutsche Stadt hat die längste Geschichte? – ___

b) Kontrollieren Sie die Antworten. Wie viele Antworten haben Sie gewusst?

8 KOMPARATIV UND SUPERLATIV ATTRIBUTIV – THERESA UND MILLA

Ergänzen Sie die Adjektive in der richtigen Form (Grundform, Komparativ oder Superlativ).

Theresa und Milla sprechen über ihren Urlaub. Theresa hat einen wundervollen Urlaub in der Türkei verbracht. „Das war der ______ (1) (gut) Urlaub aller Zeiten!", hat Theresa gedacht, aber dann erzählt Milla von ihrem Urlaub in Tunesien. Theresas Hotel war groß, hell und schön, aber Milla erzählt von einem noch ______ (2) (schön), noch ______ (3) (groß) und noch ______ (4) (hell) Hotel. „Das Restaurant war toll! Wir haben jeden Abend am Buffet gegessen. Es gab sogar Kaviar!", sagt Theresa, aber Milla antwortet ihr: „Wir hatten bestimmt das ______ (5) (gut) Hotel mit den ______ (6) (lecker) Gerichten, dem ______ (7) (kalt) Eis und den ______ (8) (heiß) Würstchen!" Theresa kontert: „Aber unser Hotel hatte die ______ (9) (freundlich) und ______ (10) (hilfsbereit) Angestellten!" Milla reagiert sofort: „Das glaube ich nicht! Wir hatten sicher ein Hotel, das noch ______ (11) (freundlich) und ______ (12) (hilfsbereit) Angestellte hatte. Unsere Dusche war an einem Tag kaputt und sie haben sie sofort repariert! Außerdem hatten wir jeden Tag Schokolade auf unserem Kopfkissen. In Tunesien gibt es den ______ (13) (nett) Zimmerservice." Theresa antwortet: „Aber unser Hotel lag direkt an einem ______ (14) (wunderschön) Sandstrand mit ______ (15) (bequem) Liegestühlen und ______ (16) (sauber) Meerwasser." Milla reagiert sofort. „Das ist nichts! Wir hatten zwei ______ (17) (wunderschön) Sandstrände mit ______ (18) (bequem) Liegestühlen und ______ (19) (sauber) Meerwasser als ihr." Theresa ist ein bisschen verärgert, denn Milla muss immer übertreiben! Eine Idee hat Theresa aber noch: „Aber wir hatten sicher den ______ (20) (dreckig) Swimmingpool, den ______ (21) (klein) Balkon und den ______ (22) (langsam) Internetanschluss auf der ganzen Welt." Milla antwortet: „ Niemals! Zu unserem Hotel gehörte sicher ein noch ______ (23) (dreckig) Swimmingpool, ein noch ______ (24) (klein) Balkon und ein noch ______ (25) (langsam) Internetanschluss!"

9 KOMPARATIV UND SUPERLATIV – DEINE MEINUNG IST GEFRAGT!

a) Was denken Sie? Machen Sie sich Notizen wie im Beispiel. Formulieren Sie dann weitere Fragen.

1 Welche Blume ist die schönste? – Die Rose ist die schönste Blume.
2 Welche Sprache lernt man schneller als Deutsch? – ______
3 Welche Stadt ist die schönste? – ______
4 Welche Sprache ist die schwerste? – ______
5 Welches Gericht ist am leckersten? – ______
6 Welcher Film ist besser als *Herr der Ringe*? – ______
7 Welcher Film ist der schlechteste des Jahrzehnts?– ______

b) Arbeiten Sie zu zweit. Sprechen Sie frei über die Fragen aus a), erzählen Sie aus Ihrem Leben oder begründen Sie Ihre Meinungen.

- ♦ Was denkst du? Welche Sprache lernt man schneller als Deutsch?
- ■ *Ich finde, man lernt zum Beispiel Englisch schneller als Deutsch. Englisch ist viel einfacher! Ich habe Englisch nur vier Jahre gelernt und jetzt spreche ich ... Und ...*

10 ENDUNGEN – SCHÖNHEITSWETTBEWERB FÜR TIERE

a) Sprechen Sie zu zweit. Welcher Hund hat das schönste Fell? Welcher Hund ist am süßesten? Vergleichen Sie die Hunde.

1

2

3

b) Ergänzen Sie die Endungen. Manche Lücken bleiben leer (/).

Schönheitswettbewerbe gibt es nur für Menschen? Falsch gedacht! Auch für Tiere sind Schönheitswettbewerbe sehr beliebt! Besonders Hunde, Katzen, Kaninchen und Vögel vergleicht man gern. Dabei fragt sich die Jury: Welch___ (1) Hund hat d___ (2) schön___ (3) Fell? Welch___ (4) Hasenfell ist weich___ (5)? Ist Papagei Tic größ___ (6) als Papagei Smarty? Welch___ (7) Federn sind bunt___ (8)? Auch die Anatomie ist wichtig. Der Deutsche Schäferhund Wau hat dieses Jahr den Wettbewerb gewonnen, da er schön___ (9) Zähne als seine Konkurrenz besitzt. Die Zähne der anderen Hunde waren gelb___ (10) und nicht gerade___ (11). Wau hat außerdem ein___ (12) schön___ (13) braun___ (14) Fell mit weiß___ (15) Flecken, groß___ (16) Ohren, schön___ (17) Augen und lang___ (18), stark___ (19) Beine. Sein Schwanz ist nicht zu groß___ (20) und nicht zu klein___ (21). Bei den Kaninchen hat Mümmel gewonnen. Sie hatte d___ (22) läng___ (23) Ohren und d___ (24) schön___ (25) Nase. Ihr Fell war weich___ (26) und gepflegt___ (27) als das Fell der anderen Kaninchen. Interessant, aber für den Wettbewerb bedeutungslos___ (28): Mümmel hat ihre Karotte am schnell___ (29) gegessen!

11 ABKÜRZUNGEN

a) In den Bereichen Bildung bzw. Wissenschaftssprache gibt es viele Abkürzungen. Kennen Sie z. B. die folgenden Abk.? Schreiben Sie die Wörter. Schreiben Sie die Nomen mit Art. und ggf. Pl.

1	Abi =	7	bzw. =
2	VHS =	8	B.A. =
3	ggf. =	9	M.Sc. =
4	z. B. =	10	Prof. =
5	vgl. =	11	Dr. =
6	Kita =	12	BAföG =

13 Abb. =

14 usw. =

15 Azubi =

16 d. h. =

17 Bib =

18 FH =

19 TH =

20 allg. =

21 Akk. =

22 Uni =

23 HA =

24 etc. =

b) Auch in anderen Bereichen gibt es viele Abk. Welche kennen Sie?

1 ICE =

2 U-Bahn =

3 Dtl. =

4 Mio. =

5 Wirtsch. =

6 MfG =

7 ca. =

8 LG =

c) Welche Abkürzungen kennen Sie noch? Sammeln Sie sie in einer Liste.

12 KONDITIONALSÄTZE – WAS PASSIERT, WENN …?

a) Kombinieren Sie zwei Sätze zu einem Hauptsatz mit konditionalem Nebensatz. Es gibt mehrere Lösungen.

Du lernst viel. | Du möchtest Bäcker werden. | Du bist immer müde. | Du machst eine Ausbildung. | Du willst schlafen. | Du solltest deine Freunde anrufen. | Du fühlst dich allein. | Du gehst ins Bett. | Du bekommst gute Noten. | Du schläfst zu wenig. | Du hast keine Zeit für deine Freunde. | Du hast zu viele Hobbys.

Wenn du viel lernst, bist du immer müde.

b) Bilden Sie Hauptsätze mit *bei* + Nomen. Die folgenden Nomen helfen Ihnen.

der Hagel, / | der Nebel, / | ~~der Regen, /~~ | der Schnee, / | der Sonnenschein, / | der Sturm, ⸚e | das Wetter, / | der Wind, -e

1 Wenn es regnet, bleibe ich zu Hause.

Bei Regen bleibe ich zu Hause.

2 Wenn die Sonne scheint, gehen wir schwimmen.

3 Wenn es schneit, verspätet sich die Bahn meist um einige Minuten.

4 Wenn es stürmt, gehe ich nicht zur Schule.

5 Wenn es hagelt, stellt er sein Auto in die Garage.

6 Wenn es neblig ist, fährt sie kein Auto.

7 Wenn das Wetter gut ist, gehen wir in den Park.

Bei gutem Wetter

8 Wenn starker Wind weht, sollten wir unbedingt surfen gehen!

c) Bilden Sie Konditionalsätze mit *wenn*. Die folgenden Verben helfen Ihnen.

es gibt | haben | heiß sein | ~~regnen~~ | umziehen | verlieren

1 Bei Regen bleibe ich zu Hause.

Wenn es regnet, bleibe ich zu Hause.

2 Bei Hitze haben wir keine Schule.

3 Bei Problemen bin ich Ihr Ansprechpartner.

4 Bei Turbulenzen sollten Sie Ruhe bewahren!

5 Bei Verlust Ihres Tickets können wir Ihnen leider kein neues Ticket ausstellen.

6 Bei einem Umzug müssen Sie uns Ihre neue Adresse mitteilen.

13 MEINE LEHRE

a) Hören Sie die Texte einmal und ordnen Sie den drei Personen (I-III) die Bilder (1-3), die Arbeitsfelder (A-C) und die Aussagen (a-c) zu.

1

2

3

A Handwerk
B Bürotätigkeit
C sozialer Bereich

a Ich arbeite gerne mit den Händen.
b Mir gefällt es, im Team zu arbeiten.
c Ich arbeite gerne mit Kindern.

Person	I	II	III
Bild			
Arbeitsfeld			
Aussage			

b) Richtig oder falsch? Hören Sie die Texte noch einmal und kreuzen Sie an.

R	F	1	Person 1 war in ihrer Kindheit und Jugend nicht sehr kreativ.
R	F	2	Person 1 muss Modekataloge drucken.
R	F	3	Normalerweise hat nur das Team Kundenkontakt, Person 1 aber nicht.
R	F	4	Person 1 möchte nach der Ausbildung weiter in ihrer Firma arbeiten.
R	F	5	Person 2 kann nach der Ausbildung in einer Kindertagesstätte arbeiten.
R	F	6	Viele Männer arbeiten als Erzieher.
R	F	7	Person 2 findet die Arbeit mit Kindern verantwortungsvoll.
R	F	8	Person 3 arbeitet mit den Händen.
R	F	9	Der Computer kann bei Schreinerarbeiten helfen.
R	F	10	Das Gesellenstück von Person 3 ist ein Schränkchen.

c) Was bedeuten folgende Aussagen? Diskutieren Sie zu zweit.

1 Die Kindererziehung liegt mir im Blut.
2 Ich bringe ein Auge für Farbe und Formen mit.
3 Viele denken beim Schreinerberuf an alte Sägen und Schmirgelpapier – ein altes Handwerk eben.

14 BILDUNG

Erklären Sie folgende Ausdrücke mit eigenen Worten.

1 duale Ausbildung

2 duales Studium

3 Kita

4 BAföG

5 Zuckertüte

6 Grundschule

7 Realschule

8 Gymnasium

1 PERFEKT

a) Erinnern Sie sich noch?

- Wann benutzt man das Perfekt?
- Wie bildet man das Perfekt?
- Bei welchen Verben benutzt man häufiger das Präteritum als das Perfekt?

b) Schreiben Sie das Hilfsverb (3. Person Singular) und das Partizip II zu den Infinitiven.

kaufen	hat gekauft	vorbereiten	
lesen		schlafen	
erzählen		sich interessieren	
schreiben		aufstehen	
sich waschen		unterschreiben	

c) Schreiben Sie fünf Fragen im Perfekt, z. B. zum letzten Wochenende, zur letzten Reise oder zur Kindheit. Führen Sie dann ein Partnerinterview, stellen Sie Fragen und geben Sie Antworten.

2 MODALVERBEN IM PRÄTERITUM

a) Markieren Sie das richtige Verb.

1 Ich durfte / konnte nicht ins Kino gehen, weil ich kein Geld hatte.
2 Mein Bruder musste / wollte ein neues Handy zum Geburtstag haben, aber er hat ein Rad bekommen.
3 Meine Lehrerin mochte / wollte mich nach Hause schicken, weil ich zu spät gekommen war.
4 Jannik blieb zu Hause, weil er Hausaufgaben machen durfte / musste.
5 Ich konnte / wollte schon immer Astronaut werden.

b) Schreiben Sie Sätze im Präteritum. Konjugieren Sie die Verben.

1 Kino / wollen / gehen / wir / ins / letzte Woche

_______________, aber es lief kein guter Film.

2 früher / nicht / ich / dürfen / fernsehen

_______________, aber heute kann ich machen, was ich will.

3 arbeiten / du / müssen / letzten Sonntag / am / ?

_______________ Da war das Wetter doch so schön!

4 am Samstag / in / wollen / ich / gehen / den Zoo // ~~aber~~ / nicht / wollen / mein Freund / .

_______________,

aber _______________

c) Beenden Sie die Sätze.

1 In meiner Heimat sollte ich _______________
2 _______ durfte _______________
3 Am Sonntag mussten wir _______________
4 Zu meinem Geburtstag konnte ich _______________

3 PERFEKT UND PRÄTERITUM – PLANETENSIEDLER

Ergänzen Sie die Verben in Klammern in der Vergangenheit. Keine Lücke bleibt leer.

Von: fabelhafterfabian@p-mail.de
Betreff: Letztes Wochenende
An: IhrName@p-mail.de

Antworten | Weiterleiten | Löschen

Hey ,

(1) das letzte Wochenende _______ echt krass (sein). Du weißt doch, ich spiele schon lange das Online-Spiel „Planetensiedler". Aber natürlich kennen wir die anderen Mitspieler nicht persönlich. (2) Und da _______ die Spielleiter die Idee, dass wir uns mal treffen und uns persönlich kennenlernen können (haben). (3) Den Plan _______ ich total super, da _______ ich auf jeden Fall _______ (finden, hingehen wollen)! (4) Und genau das _______ ich dann auch _______ (machen).

(5) Die Spielleiter _______ eine Jugendherberge in Marksuhl _______ (reservieren). Das liegt ziemlich genau in der Mitte von Deutschland, denn die Spieler kommen ja aus der ganzen Republik. (6) Ja, und da _______ ich dann _______ (hinfahren). (7) Ich _______ das Auto von meinem Vater _______ und _______ unterwegs noch Maxi _______ (leihen, abholen). (8) Ich _______ Maxi nur als „Schwarte" _______, denn beim Spielen verwenden ja alle nur Spitznamen (kennen). „Schwarte" ist also Maxi, eigentlich Maximiliane, 18 Jahre alt, blond, sehr nett und sehr hübsch. (9) Wir _______ die ganze Fahrt lang sehr viel _______ (reden). (10) Die Fahrt _______ fast vier Stunden _______ (dauern). (11) Dann _______ wir endlich _______ (ankommen). (12) Allerdings _______ wir das Auto fast einen Kilometer entfernt _______, denn direkt an der Jugendherberge _______ es keine Parkplätze mehr (parken müssen, geben). (13) Und dann _______ wir die anderen _______ (treffen): „Yogi" heißt eigentlich Detlef, ist 54 Jahre alt, Busfahrer und wohnt in Friedrichshafen. (14) Er _______ der Älteste dort (sein). „Tausendschönchen" und „Der Freiherr" sind im wahren Leben verheiratet und haben zwei kleine Kinder. (15) Sie _______ also zu viert aus Krefeld _______ (kommen). (16) Die meisten Teilnehmer _______ aber Studenten wie ich (sein). (17) Insgesamt 24 Leute _______ den Weg nach Marksuhl _______ (finden). (18) Zuerst _______ wir uns ein bisschen _______ (kennenlernen). (19) Das _______ sehr ungewohnt, denn wir _______ oft _______, aber wir _______ nichts über die realen Personen (sein, chatten, wissen). (20) Dann _______ wir zu einer Burg in der Nähe _______ und _______ die wunderbare Aussicht _______ (wandern, genießen). (21) Abends _______ wir noch lange _______ und _______ (zusammensitzen, quatschen). (22) Am nächsten Morgen _______ wir alle zusammen _______ und dann natürlich Computer _______ (frühstücken, spielen). (23) Erst spät am Abend _______ wir wieder nach Hause _______ (fahren). (24) Maxi _______ ich auch wieder _______ (mitnehmen dürfen). (25) Zum Abschied _______ ich ihre Telefonnummer _______ (bekommen). Am nächsten Wochenende will sie mich besuchen. Ich freue mich schon!!!

Und wie geht's dir? Schreib bald mal wieder!
Bis bald!
Fabian

4 LANDSCHAFTEN

Was sehen Sie? Beschriften Sie die folgenden Bilder mit den vorgegebenen Wörtern. Ergänzen Sie die Artikel und den Plural.

Berg Himmel Meer Strand Welle

Baum Brücke Gewässer Ufer Wiese

Gebirge See Tal Ufer Wald

5 TEMPORALE PRÄPOSITIONEN

Ergänzen Sie die passenden Präpositionen. Manchmal sind mehrere Lösungen richtig und manche Präpositionen brauchen Sie mehrmals.

am | bis | im | nach | ~~seit~~ | um | von | vor

Von: mary-jane@p-mail.de

Betreff: Liebe Grüße aus Tokio

An: PeterMuenster@p-mail.de

Antworten | Weiterleiten | Löschen

Liebster Peter,

ich bin seit (1) 2 Monaten in Tokio und es ist fantastisch hier! Ich bin so glücklich. Allerdings war die Anreise sehr anstrengend. Schon ________ (2) 6:00 Uhr musste ich aufstehen. Meine Eltern haben mich zum Flughafen gefahren und mich verabschiedet. Das hat eine Ewigkeit gedauert! Es war schon 20 ________ (3) 8 Uhr und ________ (4) 9 Uhr ist mein Flieger gestartet. Der Flug hat 15 Stunden gedauert und ich war sehr aufgeregt, deshalb konnte ich nicht schlafen. Ich bin ________ (5) Dienstag gestartet und ________ (6) Mittwoch gelandet. Verrückt oder? Ich habe meinen Koffer genommen und bin mit dem Taxi in die Innenstadt gefahren. Tokio ist wunderschön! Und die Japaner sind so freundlich! Und das Wetter ist viel besser als in Deutschland. Allerdings muss ich sagen, ________ (7) Juli oder August möchte ich nicht in Tokio leben, denn dann ist es extrem heiß! Aber jetzt, ________ (8) Oktober, ist es sehr angenehm. Ich kann noch ohne Jacke auf die Straße gehen. Ich arbeite jeden Tag ________ (9) Viertel ________ (10) neun ________ (11) zehn ________ (12) sechs. Das ist eine seltsame Zeit, oder? Naja, ich arbeite nur noch ________ (13) nächste Woche und dann ist schon die nächste Stelle dran. Lass uns bald mal wieder chatten, ich muss dir so viel erzählen.

Liebe Grüße

Mary-Jane

1 TIERE

a) Suchen Sie die Tiernamen und ordnen Sie zu. Ergänzen Sie die Artikel und den Plural.

APFERDCHINUSCHNECKENKROKODILWASCHWEINENAHMISCHAFTENICHAHNUNGIRAFFENTOSPINNELUSTORCHANKÄNGURUNG

1 Dieses Tier hat immer sein Haus auf dem Rücken: die , -n
2 Dieses Tier kann gut hüpfen:
3 Von diesem Tier bekommt man Wolle:
4 Obwohl dieses Tier klein ist, haben viele Angst davor:
5 Auf diesem Tier kann man reiten:
6 Dieses Tier hat einen langen Hals:
7 Man sagt, dass dieses Tier den Menschen die Babys bringt:
8 Dieses Tier ist sehr intelligent und ziemlich schmutzig:
9 Dieses Tier kräht früh am Morgen:
10 Dieses Tier lebt am Land und im Wasser:

b) Interview zum Thema Haustiere: Sprechen Sie zu zweit über die folgenden Fragen.

- Was ist dein Lieblingshaustier und warum?
- Hattest du als Kind ein Haustier? Wie war sein Name? Was hast du mit ihm gemacht?
- Oder wolltest du als Kind unbedingt ein Haustier und hast keins bekommen? Warum nicht?
- Wann ist ein Kind alt genug für ein Haustier?
- Hast du im Moment ein Haustier oder möchtest du (wieder) eins haben?

2 ENDUNGEN – VOM FUCHS UND HAHN

Ergänzen Sie in der Fabel die Endungen bei den Artikeln und Adjektiven sowie die fehlenden Präpositionen. Manche Lücken bleiben leer (/).

(1) Ein es Tag es kam ein / hungrig ___ Fuchs ___ ein ___ klein ___ Dorf und traf dort ein ___ Hahn. (2) Der Fuchs sagte ___ ihm: „Hallo, mein Herr Hahn, ich kannte dein ___ Herrn Vater. (3) Der hatte so ein ___ schön ___ Stimme! (4) Ich habe dich gesucht, damit ich heute dein ___ Stimme hören kann. (5) Ich hoffe also, dass du mir nun etwas mit dein ___ schönst ___ Stimme vorsingst. (6) Denn ich bin sehr gespannt ___, ob dein ___ Stimme noch schön ___ ist als die von dein ___ Herrn Vater." (7) Da stellte sich d ___ Hahn gleich ___ d ___ Mauer und begann, mit geschlossenen Augen zu krähen. (8) Sofort schnappte d ___ Fuchs nach d ___ Hahn und rannte mit ihm ___ d ___ Wald. (9) Als d ___ Bauersleute aus d ___ Dorf sahen, was passierte, folgten sie d ___ Fuchs und riefen: „D ___ Fuchs trägt uns d ___ Hahn fort!" (10) D ___ Hahn sagte daraufhin ___ d ___ Fuchs: „Hör doch, Herr Fuchs, was d ___ dumm ___ Bauern da sagen. (11) Sag ihnen doch, dass du dein ___ Hahn und nicht ihr ___ Hahn trägst."
(12) D ___ Fuchs gehorchte, ließ ihn aus dem Maul fallen und sprach: „Ich trage nicht eur ___ Hahn, das ist mein ___ Hahn." (13) In dies ___ Moment flüchtete d ___ Hahn ___ ein ___ hoh ___ Baum und rief

d___ Fuchs zu: „Du lügst, du dumm___ Fuchs! Ich gehöre nicht dir, sondern d___ freundlich___ Bauersleuten." (14) Da schlug d___ Fuchs sich selbst die Hände auf sein Maul und sagte: „Oh, du blöd___ Maul, wie viel sprichst du? Wie viel Unsinn redest du?" (15) Und d___ Fuchs lief schnell weiter ___ d___ dunkl___ Wald hinein.

3 PRÄTERITUM – KAISER-WILHELM-GEDÄCHTNISKIRCHE

Präteritum oder Präsens? Ergänzen Sie die Verben in der richtigen Form.

bauen | beginnen | bekommen | bellen | besichtigen | brennen | diskutieren | entscheiden | feiern können | haben | hängen | heulen | orientieren | wirken | stehen | werden

(1) Die Kirche ___ ihren Namen von Kaiser Wilhelm I. (2) An seinem Geburtstag am 22. März 1891 ___ der Bau und schon am 1. September 1895 ___ man die Einweihung ___.
(3) Der Architekt ___ die Kirche im Stil der Neoromanik und ___ sich an den romanischen Bauten des Rheinlands. (4) Die Kirche ___ fünf Türme und ___ monumental. (5) Nach dem Vorbild dieser Kirche ___ die Neoromanik deutschlandweit zum populären Baustil. (6) In den fünf Türmen ___ auch fünf Glocken. (7) Im Zweiten Weltkrieg ___ ein Teil der Kirche. (8) Nach dem Krieg ___ man über verschiedene Aufbau-Pläne für die Kirche. (9) Am Ende ___ man sich dafür, den zerstörten Kirchturm als Mahnmal gegen den Krieg zu erhalten. (10) Die Gedächtniskirche ___ (auch heute noch) in der Nähe vom Berliner Zoo. (11) Bei jedem lauten Glockenläuten ___ die Wölfe und ___ die Hunde. (12) Die denkmalgeschützte Gedächtniskirche ___ schon zahlreiche Touristen, weil sie eines der markantesten Bauwerke Berlins ist.

4 PRÄTERITUM – MÄRCHEN

Ergänzen Sie die Verben im Präteritum.

(1) Zu allen Zeiten ___ sich die Menschen Geschichten (erzählen). (2) Es ___ keinen Fernseher und keinen Computer, also ___ sie am Abend ___ und ___ sich Geschichten ___ (geben, zusammensitzen, ausdenken). (3) Die Alten ___ den Jungen diese Geschichten (überliefern). (4) So ___ die Märchen von Generation zu Generation (wandern). (5) Manchmal ___ die Leute das Märchen ein wenig und so ___ verschiedene Varianten (verändern, enstehen). (6) Im Jahr 1812 schließlich ___ die Brüder Jacob und Wilhelm Grimm diese Märchensammlung ___ (aufschreiben). (7) Ihr Buch ___ *Kinder- und Hausmärchen* (heißen). (8) In den folgenden Jahren

_______ immer mehr Leute das Lesen und Schreiben, und so _______ es zu einem Wechsel von der Erzähl- zur Vorlesetradition (lernen, kommen). (9) Die Eltern _______ ihre Kinder ins Bett und _______ eine Gute-Nacht-Geschichte _______, dann _______ die Kinder gut einschlafen (bringen, vorlesen, können). (10) Nach Erfindung des Fernsehens _______ man zunehmend diese Märchen, und die Kinder _______ den Fernseher _______ und _______ die Märchen als bewegte Bilder (verfilmen, einschalten, sehen). (11) Auch in die Welt der Computerspiele _______ die Märchen _______ (vordringen). (12) Schneewittchen, Rotkäppchen und Co. _______ zu den Medienstars der Kinderzimmer (werden). (13) Die Welt _______ sich in den letzten 200 Jahren, doch die Märchen _______ ihren Platz im Familienleben (wandeln, behalten).

5 ACHTUNG, FEHLER! – SCHNEEWITTCHEN

Korrigieren Sie den Text. Bringen Sie die Wörter in die richtige Reihenfolge und achten Sie auf Groß- und Kleinschreibung.

vor langer zeit eine bekam eine königin tochter.

Vor langer Zeit

haut weiß war wie ihre schnee, wie mund rot ihr blut,

____

wie und schwarz haare so waren ebenholz ihre.

____

sie sie nannte schneewittchen deshalb. die aber starb kurz darauf königin.

____

heiratete der neu könig, bekam böse und schneewittchen eine stiefmutter.

____

frau eitel diese sehr war,

____

sie die im Schönste sein denn frau ganzen land wollte.

____

sie den täglich fragte spiegel: „spieglein, spieglein wand der an,

____

ist im die Schönste wer ganzen land?“

____

spiegel und der antwortete: „frau königin, die Sie hier sind Schönste,

____

schneewittchen tausendmal Sie aber schöner als ist.“

____

töten da die wollte stiefmutter schneewittchen.

____

sie einem befahl jäger, dass einem erschießen es er in wald sollte.

____

lief aber weg schneewittchen und tief sieben im wald die fand zwerge.

____

hier bleiben sie konnte.

____

kochte sie, wusch putzte und die für zwerge.

dem einmal kauffrau zu eine kam haus und an ihr einen bot apfel.

schneewittchen nicht erkannte, dass es war ihre verkleidete stiefmutter,

den es und apfel aß.

war aber apfel vergiftet der.

den schneewittchen auf wie fiel tot boden.

prinz kam ein und schneewittchen sein mit auf nahm schloss.

transport auf auf wieder dem wachte schneewittchen.

bald darauf sie heirateten.

6 DAS SCHLARAFFENLAND

Richtig oder falsch? Lesen Sie die Aufgaben. Hören Sie dann den Text und kreuzen Sie an.

R	F	1	Im Schlaraffenland stand eine Mauer aus Reisbrei.
R	F	2	In der Mauer gab es eine Tür. Die Tür führte zum Schlaraffenland.
R	F	3	Die Häuser im Schlaraffenland bestanden aus Lebensmitteln.
R	F	4	In jedem Haus bekam man süßen Wein und süßen Saft.
R	F	5	Von den Bäumen fielen Brötchen in Bäche aus Milch.
R	F	6	Die Fische im Wasser musste man mit der Hand fangen, dann konnte man sie braten.
R	F	7	Nur ein echter Schlaraff war faul genug und erhielt sein Essen ohne Mühe.
R	F	8	Den Schlaraffen flogen gebratene Vögel direkt in den Mund hinein.
R	F	9	Bei Regen oder Schnee aßen die Schlaraffen Honig, Zucker, Rosinen oder Nüsse.
R	F	10	Geld wuchs im Schlaraffenland auf den Kastanienbäumen.
R	F	11	Ein Bad machte Alte und Kranke wieder jung und gesund.
R	F	12	Nur faule Menschen durften das Schlaraffenland betreten.
R	F	13	Ein blinder oder auch ein stummer Mensch kennt den Weg ins Schlaraffenland.

7 POSTKARTE AUS ÖSTERREICH

Ergänzen Sie die passenden Nomen im Singular oder Plural. Drei Wörter passen nicht.

Berg | Brücke | Dorf | Gras | Himmel | Kreuzung | Meer | See | Tal | Wald | Wiese

Liebe Aida,

liebe Grüße aus meinem Urlaub in Österreich. Ich bin mit meiner Familie in den ______ (1)! Es ist herrlich. Wir haben tolles Wetter, einen blauen ______ (2) und überall grüne ______ (3)! Heute haben wir eine große Wanderung gemacht. Zuerst sind wir bergauf durch einen ______ (4) gelaufen, das war bei der Hitze sehr angenehm. Als wir oben auf dem Gipfel angekommen sind, war es ein tolles Gefühl. Nach einer Pause sind wir bergab ins ______ (5) gelaufen. Wir sind in einem kleinen ______ (6) spazieren gegangen, haben in einem Restaurant gegessen und konnten noch in einem schönen ______ (7) schwimmen. Jetzt liege ich gerade im grünen ______ (8) und schreibe dir diese Karte. In einer Woche sehen wir uns schon wieder im Büro!!

Bis bald! Deine Dorothee

Aida Hahn
Oskarstr. 26
52070 Aachen
DEUTSCHLAND

8 CAMPING – DER NATUR GANZ NAH SEIN

Ordnen Sie die Wörter den Nummern zu und ergänzen Sie die Artikel und den Plural.

Angel | Campingkocher | Fluss | Gras | Kirche | Klappstuhl | Klapptisch | Mauer | Rauch | Rucksack | Schlafsack | Ufer | Wiese | Wohnmobil | Zelt

1 ______ ______ , ______
2 ______ ______ , ______
3 ______ ______ , ______
4 ______ ______ , ______
5 ______ ______ , ______
6 ______ ______ , ______
7 ______ ______ , ______
8 ______ ______ , ______
9 ______ ______ , ______
10 ______ ______ , ______
11 ______ ______ , ______
12 ______ ______ , ______
13 ______ ______ , ______
14 ______ ______ , ______
15 ______ ______ , ______

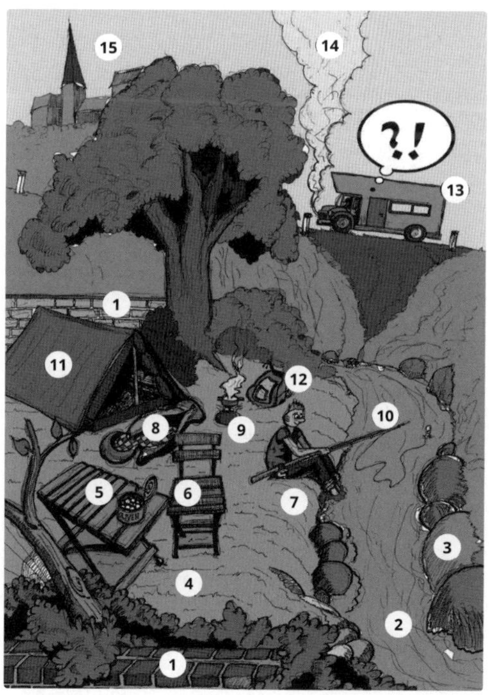

9 TASCHENGELD

a) Verbinden Sie die Wörter und die Erklärungen.

1 Dieses Geld bekommen Kinder regelmäßig von ihren Eltern.
2 Woher bekommt man sein Geld?
3 etwas, was besonders billig oder reduziert ist
4 kein Geld mehr haben
5 Geld von einem Konto zu einem anderen Konto „schicken"
6 Das bekommt man, weil man etwas sehr gut gemacht hat.
7 genug Geld für eine bestimmte Sache haben
8 ein schlechter Kauf
9 Schulden haben
10 nachdenken und planen, was man kauft und wie viel man ausgeben kann
11 Man bekommt etwas nicht oder muss eine Zusatzarbeit machen, weil man etwas Schlechtes oder Verbotenes gemacht hat.
12 das ganze Geld sofort ausgeben; Gegenteil von *sparen*
13 fast kein Geld mehr haben

A etw. (A) überweisen
B der Fehlkauf, ¨-e
C die Strafe, -n
D die Belohnung, -en
E das Taschengeld, /
F sich etw. (A) leisten können
G die Geldquelle, -n
H sich Geld einteilen / gut mit Geld umgehen
I knapp bei Kasse sein (ugs.)
J Geld verprassen (ugs.)
K das Schnäppchen, - (ugs.)
L pleite sein (ugs.)
M verschuldet sein

1	2	3	4	5	6	7	8	9	10	11	12	13

b) Können Sie gut oder schlecht mit Geld umgehen? Wie kann man den Umgang mit Geld lernen? Sammeln Sie Erfahrungen und Tipps im Kurs.

c) Lesen Sie den Ratgeber für Eltern zum Thema Taschengeld. Welcher Abschnitt beantwortet welche Frage? Ordnen Sie zu. Nicht alle Fragewörter passen.

Wann? Warum? Wer? Wie? Wie viel? Wo?

BRAUCHEN KINDER TASCHENGELD? JA!

Das Taschengeld ist für Kinder und Jugendliche oft die einzige Geldquelle. Eine allgemeine Empfehlung heißt: Wenn ein Kind rechnen kann, kann es auch lernen, mit Geld umzugehen. Doch die einen Kinder verprassen ihr Taschengeld sofort, die anderen sparen es mehrere Monate für etwas Besonderes. Manche sind fast immer knapp bei Kasse, andere dagegen können sich ihr Taschengeld gut einteilen. Genau deshalb ist es wichtig, dass Sie Taschengeld geben. Ihr Kind soll lernen, wie man mit Geld umgeht:

- Beim Kauf von Spielzeug oder Süßigkeiten mit dem eigenen Taschengeld bekommt das Kind ein Gefühl für viel und wenig, teuer und billig.
- Das Kind bereut vielleicht später einen Fehlkauf oder freut sich besonders über ein Schnäppchen. Es lernt, wie es sein Geld am besten investiert.
- Was bekommt man für 15 Euro? Das Kind muss überlegen, ob es ins Kino gehen kann und dann noch die CD kaufen kann. Es lernt also, das Geld einzuteilen.
- Ein Schulfreund kauft sich jeden Tag Süßigkeiten, er kann sich aber nie ein Smartphone leisten. Auch durch Vergleiche mit Freunden lernen Kinder viel über den Umgang mit Geld.

Wer also bereits als Kind merkt, welche Bedeutung Geld im Leben hat, und schon früh Erfahrungen mit Sparen macht, kann auch später verantwortungsvoller mit seinem Geld umgehen. Und das ist sehr wichtig, wie aktuelle Zahlen zeigen: In Deutschland sind zehn Prozent aller 20- bis 24-Jährigen verschuldet!

Trotzdem sind viele Eltern unsicher, wann und wie viel Taschengeld sie ihren Kindern geben sollen. Dafür haben wir einige Tipps:

- Zahlen Sie das Taschengeld immer pünktlich und regelmäßig aus, zum Beispiel immer am Montag oder immer am Monatsbeginn. So kann das Kind planen.
- Zahlen Sie das Taschengeld immer aus. Benutzen Sie es nicht als Belohnung oder Strafe für Noten oder Benehmen.
- Denken Sie immer daran, das Taschengeld zu geben. Das Kind sollte nicht darum bitten.
- Ihr Kind sollte alleine und frei entscheiden können, was es mit seinem Taschengeld kauft. Beraten Sie es erst, wenn das Kind danach fragt. Zwingen Sie Ihr Kind nicht zum Sparen.
- Geben Sie nicht zu viel Taschengeld! Dann kann das Kind die Orientierung verlieren.
- Geben Sie Ihrem Kind nicht sofort zusätzliches Geld, wenn es pleite ist. Besprechen Sie mit ihm, warum es kein Geld mehr hat und wie man es das nächste Mal besser machen kann.

Außerdem gibt es für unsichere Eltern eine Taschengeldtabelle vom Deutschen Jugendinstitut. Die Höhe hängt aber natürlich auch von der finanziellen Situation jeder Familie ab. Laut dieser Taschengeldtabelle bekommen schon Vier- bis Fünfjährige das erste Taschengeld. Mit 50 Cent in der Woche geht es los. Bis zum 9. Lebensjahr ist es sinnvoll, das Taschengeld wöchentlich auszuzahlen, denn jüngere Kinder haben oft noch Probleme damit, für einen ganzen Monat zu planen. Ab 10 Jahren können Kinder dann finanzielle Organisation lernen und bekommen das Taschengeld einmal im Monat. Ab etwa 12 Jahren können die Eltern auch ein Schüler-Girokonto für ihr Kind eröffnen und das Taschengeld überweisen.

Alter	Taschengeld
unter 6 Jahren	0,50 – 1,00 Euro pro Woche
6 – 9 Jahre	1,00 – 3,00 Euro pro Woche
10 – 11 Jahre	15,50 – 20,50 Euro pro Monat
12 – 15 Jahre	20,50 – 38 Euro pro Monat
16 – 18 Jahre	38,00 – 76,00 Euro pro Monat

d) Welche Antwort ist richtig? Kreuzen Sie an.

1 Was lernen Kinder mit Taschengeld?

A Wie man Geld verprassen kann.

B Wie man sich Geld einteilen kann.

C Wie man ein Schnäppchen macht.

2 Wie soll man mit Geld umgehen?

A knapp

B teuer

C verantwortungsvoll

3 Wann soll man das Taschengeld auszahlen?

A pünktlich, damit das Kind planen kann

B montags, damit das Kind die ganze Woche Zeit zum Ausgeben hat

C am Monatsbeginn, weil die Eltern dann selbst noch viel Geld haben

4 Was sollen Eltern machen, wenn das Kind sinnlose Dinge kauft?

- **A** Sie sollen das Taschengeld kürzen, dann denkt das Kind das nächste Mal besser nach.
- **B** Nichts. Das ist die Entscheidung des Kindes.
- **C** Die Eltern müssen dem Kind einen Ratschlag geben: Wie macht es keinen Fehlkauf?

5 Was sollen Eltern machen, wenn das Kind pleite ist?

- **A** Sie sollen ihm zusätzliches Geld geben, damit die anderen Kinder nicht lachen.
- **B** Sie sollen mit dem Kind über den Grund sprechen.
- **C** Nichts. Das Kind muss selbst aus Fehlern lernen.

6 Wie hoch soll das Taschengeld sein?

- **A** Es soll so hoch wie möglich sein.
- **B** Man muss sich an die Taschengeldtabelle halten.
- **C** Das muss jede Familie individuell entscheiden.

7 Warum sollen Achtjährige Taschengeld wöchentlich bekommen?

- **A** Weil sie noch nicht so viel bekommen.
- **B** Weil sie noch nicht so gut rechnen können.
- **C** Weil sie noch nicht einen ganzen Monat planen können.

8 Was ist bei Zwölfjährigen zum ersten Mal möglich?

- **A** Taschengeld bis 25 Euro pro Monat
- **B** das Taschengeld nicht bar auszuzahlen
- **C** das Taschengeld einmal im Monat auszuzahlen

e) Wie sind Ihre Erfahrungen? Sprechen Sie in Kleingruppen über das Thema. Haben Sie Taschengeld als Kind bekommen? Sind Sie mit den Tipps im Text einverstanden?

10 DEINE MEINUNG IST GEFRAGT! – TASCHENGELD

a) Lesen Sie die E-Mail von einer Freundin. Markieren Sie, wo die einzelnen Teile des Textes (Einleitung, Hauptteil und Schluss) beginnen und wo sie aufhören.

Von: Anita123@p-mail.de
Betreff: Was denkst du über Taschengeld?
An: dich@p-mail.de

Antworten | Weiterleiten | Löschen

Hi,

wie geht's dir? Ich denke schon die ganze Woche über ein Problem nach und muss dich nun einmal nach deiner Meinung fragen. Es geht um das Thema Taschengeld.

Meine Tochter Anni ist ja noch im Kindergarten und hat nun von anderen Kindern gehört, dass die schon Taschengeld von ihren Eltern bekommen. Ihre beste Freundin bekommt sogar schon 2 € in der Woche!!! Ich habe ihr gesagt, dass sie erst in der Schule Taschengeld bekommt. Aber sie hört nicht auf, danach zu fragen. Ich finde es ja gut, dass Anni sich mit Geld beschäftigt, aber ich glaube nicht, dass sie schon mit Geld umgehen kann. Ich denke auch, dass es zu früh dafür ist. Was denkst du? Ab wann sollten Kinder Taschengeld bekommen und vor allem wie viel?

Ich erinnere mich noch an meine Kindheit. Ich habe auch erst als Schulkind Taschengeld bekommen. Am Anfang war das wenig, vielleicht 30 Pfennig pro Woche. Weißt du noch, wie viel du bekommen hast? Und ich erinnere mich auch noch an meinen ersten großen Kauf mit meinem eigenen Geld: Ich habe lange gespart und mir dann pinke Haarspangen mit kleinen Pferden darauf gekauft. Wunderschön! Was hast du dir von deinem Taschengeld gekauft? Hast du auch gespart oder alles gleich verprasst? Ach, das ist ein schwieriges Thema ... Ich freue mich schon auf deine Antwort und deine Meinung!

Bis bald!
Anita

b) Markieren Sie alle Fragen, die Anita in ihrer E-Mail stellt. Wie viele Fragen finden Sie?

c) Schreiben Sie eine Antwort an Anita. Gliedern Sie Ihren Text auch in Einleitung, Hauptteil und Schluss und achten Sie darauf, dass Sie auf alle Fragen antworten.

11 TEMPORALE NEBENSÄTZE

a) Schreiben Sie die Sätze. Achten Sie auf die Zeit und ergänzen Sie die Satzzeichen.

1 als / nach Deutschland / kommen / ich // ich / Deutsch / können / kein Wort

2 bevor / sich anmelden / einen Sprachkurs / können / ich / für // müssen / einen Einstufungstest / machen / ich

3 ich / dürfen / benutzen / kein Wörterbuch // schreiben / ich / während / den Test

4 seitdem / ich / sein / in einem Deutschkurs // haben / viele neue Freunde / ich

5 der Kurs / zu Ende / wenn / sein // wir / zusammen / essen / gehen

6 noch / viel üben / müssen / wir // wir / bis / die Abschlussprüfung / schreiben

b) Ergänzen Sie die passenden temporalen Konjunktionen (*als, bevor, bis, seit(dem), während, wenn*). Manchmal gibt es mehrere richtige Lösungen.

1 ___ die neuen Gäste kommen, macht man die Hotelzimmer sauber.

2 Die Kinder müssen im Auto warten, ___ ihre Mutter tankt.

3 Hast du mich nicht gehört, ___ ich vorhin deinen Namen gerufen habe?

4 Wir singen immer ein Lied, ___ in unserer Familie jemand Geburtstag hat.

5 Ich verstehe meine Kollegin viel besser, ___ sie mit mir über ihre Probleme gesprochen hat.

6 Wir schalten alle elektrischen Geräte aus, ___ wir mit dem Flugzeug fliegen.

7 ___ ich das erste Mal verliebt war, habe ich es niemandem erzählt.

8 Meine Mutter gab mir oft einen Abschiedskuss, ___ ich vor meiner Schule aus dem Auto stieg.

9 Wir reden täglich über Skype, ___ wir uns endlich wiedersehen!

10 ___ du aus dem Urlaub zurück bist, bist du irgendwie verändert ...

12 TEMPORALE NEBENSÄTZE – FRÜHER WAR ALLES BESSER

Lesen Sie den Text. Ergänzen Sie dann die Zusammenfassung des Textes (ein Wort pro Lücke).

Theodor Hader ist heute 93 Jahre alt und wohnt in der Seniorenresidenz Talblick im Bayerischen Wald. Eigentlich ist dieses Altenheim sehr schön und auch nicht ganz billig, aber Herrn Hader gefällt es nicht. Früher, als seine Frau Irma noch lebte, war sein Leben schön. Er ging morgens zur Arbeit, seine Frau blieb zu Hause bei den Kindern und führte den Haushalt. Immer wenn er abends nach Hause kam, stand ein warmes Essen auf dem Tisch.

Gut, ein warmes Essen gibt es natürlich auch hier in der Seniorenresidenz, aber es schmeckt nicht so gut. Früher war das Gemüse frischer. Seine Frau verarbeitete nur ganz frische Zutaten. Wenn Wochenmarkt war, kaufte sie Obst und Gemüse. Als der neue Metzger in ihrer Straße sein Geschäft eröffnete, gab es mindestens viermal pro Woche Fleisch. Und dieses Fleisch war viel besser als heute, ohne chemische Zusätze und Antibiotika. Damals schmeckte Fleisch noch nach Fleisch.

Und überhaupt, die Menschen waren damals besser als heute. Da wusste eine Frau noch, was sich gehört, und die Kinder gehorchten aufs Wort. Wenn er sich heute die jungen Pflegerinnen so ansieht, mit ihren kurzen Röcken und tiefen Ausschnitten, findet er das unerhört. Seine Frau kleidete sich immer anständig, mit langen Röcken und hochgeschlossenen Pullovern oder Blusen. Und die Kinder haben heute keinen Respekt mehr. Früher gab man ihnen eine Ohrfeige oder einen Klaps auf den Hintern, wenn sie nicht gehorchten, und dann benahmen sie sich wieder. Heute aber ruft man direkt die Polizei, wenn ein Vater mal sein Kind schlägt.

Als Herr Hader vor 10 Jahren in das Altenheim einziehen musste, war er zunächst sehr unglücklich. Er wollte bei seinen Kindern leben, aber die wollten das nicht. Sie waren sofort dagegen, als er anfing, davon zu sprechen. Sein Sohn ist immer unterwegs und hat keine Zeit, und seine Tochter hat nur eine kleine Wohnung, da ist kein Platz für ihren Vater. Also haben seine Kinder dieses Altenheim für ihn ausgesucht, als klar war, dass er nicht mehr allein leben konnte. Früher haben die alten Leute natürlich bei ihren Kindern gewohnt, aber heute geht das nicht mehr. Jaja, die Zeiten haben sich geändert.

Aber zum Glück gibt es ja neuerdings im Talblick diese nette Frau Sommer, Magdalena Sommer. Am Tag, als sie in die Seniorenresidenz einzog, veränderte sich Theodor Haders Leben. Plötzlich zwitschern wieder die Vögel und die Sonne lacht. Wenn er morgens aufsteht, weiß er, Frau Sommer sitzt beim Frühstück an seinem Tisch. Wenn er Lust auf einen Spaziergang hat, begleitet Frau Sommer ihn. Und am Abend sitzen sie gemütlich zusammen, sehen fern oder spielen Karten. Ja, früher war zwar alles besser, aber manchmal ist die Gegenwart auch nicht so schlecht.

Zusammenfassung:

(1) Wenn Theodor Hader morgens zur Arbeit ging, ___ ___ ___ zu Hause und führte den Haushalt. (2) Sie ___ ___ auch um die Kinder. (3) Wenn er nach Hause kam, ___ es immer ein warmes Essen. (4) Seine Frau kaufte immer ganz frische Zutaten ___ ___ Wochenmarkt ein, und sie kaufte ___ pro Woche ___ beim Metzger. (5) Irma ___ nur anständige Kleidung. (6) Ihre Röcke waren ___ und ihre Blusen ___ (7) Wenn seine Kinder früher nicht artig waren, ___ sie eine Ohrfeige. (8) Aber wenn heute ein Vater seine Kinder ___, ___ ___ sofort die Polizei. (9) Herr Hader kann nicht bei seinen Kindern wohnen, ___ sein Sohn ist immer unterwegs und die Wohnung ___ ___ ist zu ___. (10) Als Frau Sommer in die Seniorenresidenz einzog, gab es positive ___ in Theodor Haders Leben. (11) Jetzt ___ er morgens ___ und freut sich ___ einen gemeinsamen Tag mit ___.

13 *WENN* VS. *ALS* – DAS MODERNE LEBEN VON FRIEDRICH FRÖHLICH

Ergänzen Sie *wenn* oder *als*.

___ (1) Friedrich Fröhlich noch ein kleiner Junge war, bekam er nur ganz wenig Taschengeld. Aber er konnte sich etwas dazu verdienen, ___ (2) er den Nachbarn im Garten half oder Einkäufe erledigte. ___ (3) der Krieg kam, verschlechterte sich die Situation dramatisch. ___ (4) die Leute Essen brauchten, benötigten sie Essensmarken. ___ (5) sie keine mehr hatten, mussten sie hungern. Aber Friedrich war clever: ___ (6) er 12 Jahre alt war, verschaffte er sich einen Aushilfsjob bei einem

Bäckermeister. Er wollte für seine Arbeit aber kein Geld, sondern immer, ___ (7) sein Dienst zu Ende war, wollte er die alten Backwaren vom Vortag haben. So hatte Friedrichs Familie immer genug zu essen, auch ___ (8) der Vater schon lange verschwunden war. Dem Bäckermeister gefiel es, ___ (9) Friedrich gute Ideen hatte. Außerdem war der Junge immer freundlich, ___ (10) er die Backwaren auslieferte. ___ (11) der Krieg vorbei war, war Friedrich 14 Jahre alt. Früher konnte man, ___ (12) man 14 war, eine Ausbildung beginnen. ___ (13) der Bäckermeister ihm eine Lehrstelle anbot, akzeptierte Friedrich. ___ (14) er 17 Jahre alt war, war er Bäckergeselle und verdiente nicht schlecht. Ein paar Jahre später, ___ (15) er gerade allein im Laden stand, kam eine wunderschöne junge Frau herein und kaufte ein paar Brötchen. Und ___ (16) sie am nächsten Tag wiederkam, begann Friedrich ein Gespräch, denn die junge Frau gefiel ihm sehr gut. So ging das einige Wochen: Immer, ___ (17) die Frau den Bäckerladen betrat, unterhielten sie sich. Endlich, ___ (18) der Frühling schon längst begonnen hatte, lud Friedrich die Dame zum Essen ein, und ___ (19) sie akzeptierte, war er der glücklichste Mensch der Welt. Zwei Jahre später heirateten sie. ___ (20) seine Frau ein kleines Hutgeschäft eröffnete, war Friedrich unglaublich stolz auf sie. Andere Männer reagierten zu dieser Zeit eher negativ, ___ (21) eine Frau arbeiten wollte, aber Friedrich gefiel das gut. Jedes Mal, ___ (22) sie abends beisammen saßen und von ihrem Tag erzählten, erfreute sich Friedrich an ihrem Glück. ___ (23) seine Frau ab und zu besonders viel zu tun hatte, übernahm Friedrich die Hausarbeit. Die Nachbarn schauten vielleicht komisch, ___ (24) sie ihn beim Treppeputzen oder Einkaufen sahen, aber Friedrich störte das überhaupt nicht. Und jedes Mal, ___ (25) ihn jemand auslachte, dann lächelte er, denn dieses moderne Verhalten war der Schlüssel ihres Glücks. ___ (26) seine Frau vor 3 Jahren starb, war das für den armen Friedrich ein harter Schlag. Und immer, ___ (27) er traurig ist, dann geht er in die Straße mit dem Bäckerladen, setzt sich auf eine Bank und träumt von der Zeit, ___ (28) er mit seiner Frau glücklich war.

14 *WENN* VS. *WANN* VS. *OB* – MIRIAM UND TOM

Ergänzen Sie *wenn*, *wann* oder *ob*.

Miriam: Hallo Tom!

Tom: Hallo Miri. Hast du auch eine Postkarte von Lara aus Paris bekommen?

Miriam: Aus Paris? ___ (1) hast du die Karte denn bekommen? Ich war bis gestern im Urlaub.

Tom: Die Postkarte kam vor etwa zwei Wochen, ___ (2) ich mich richtig erinnere.

Miriam: Hm, komisch ... Da war ich noch zu Hause. Aber ich bin mir nicht sicher, ___ (3) Lara meine neue Adresse kennt.

Tom: Stimmt. ___ (4) bist du nochmal umgezogen?

Miriam: Erst letzten Monat.

Tom: Ja! Dann kannte Lara deine neue Adresse bestimmt noch nicht.

Miriam: Das kann sein. Was schreibt Lara denn? Gefallen ihr Paris und das Studium in Frankreich?

Tom: Ja. Lara findet es toll, und sie schreibt, dass ich sie immer besuchen kommen kann, ______ (5) ich Zeit habe. ______ (6) du Lust hast, können wir sie zusammen besuchen.

Miriam: Oh ja! Am besten in den Semesterferien. Weißt du, ______ (7) sie genau anfangen?

Tom: Am 10. Juli, ______ (8) ich mich nicht irre. ______ (9) schreibst du denn deine Klausuren?

Miriam: Meine Klausuren sind immer Ende Juli und Ende September.

Tom: Perfekt! Meine sind immer im September. Dann können wir Lara im August in Paris besuchen.

Miriam: Weißt du, ______ (10) es für Lara okay ist, dass ich mit nach Paris komme?

Tom: Natürlich ist das okay! Wir müssen sie nur fragen, ______ (11) sie im August Zeit für uns hat. ______ (12) sie in der Zeit Klausuren schreibt, müssen wir uns einen anderen Termin suchen. Aber das klappt bestimmt. Und ______ (13) wir den genauen Termin kennen, kaufen wir am besten direkt ein Bahnticket nach Paris. Jetzt sind die Tickets noch günstig.

Miriam: Super! Was meinst du, ______ (14) kannst du Lara fragen, ______ (15) und ______ (16) wir sie besuchen können?

Tom: Ich wollte Lara sowieso am Wochenende anrufen. Dann kann ich sie fragen.

Miriam: Das klingt gut. Sag mir dann bitte direkt Bescheid, ______ (17) es klappt oder nicht.

Tom: Klar doch! Ich freu mich!

15 TEMPORALE NEBENSÄTZE SPRECHEN

Arbeiten Sie in Kleingruppen. Üben Sie die temporalen Nebensätze mündlich.

- Nehmen Sie 5 Zettel und schreiben Sie jeweils einen einfachen Satz darauf.
- Mischen Sie die Zettel und legen Sie sie auf einen Stapel. Die jüngste Person beginnt.
- Nehmen Sie einen Beispielsatz und würfeln Sie eine Zahl. Jede Zahl steht für eine Konjunktion:

  ⚀ = bevor ⚁ = bis ⚂ = während ⚃ = als ⚄ = wenn ⚅ = seit(dem)

- Bilden Sie nun mit der temporalen Konjunktion und dem Beispielsatz einen neuen Satz. Die anderen hören zu und korrigieren.

⚂ *Während ich heute Morgen Kaffee getrunken habe, habe ich online Zeitung gelesen.*

⚄ *Das Kind hat Angst, wenn der Hund laut bellt.*

- Ihnen fällt kein sinnvoller Satz mit dieser Konjunktion ein? Dann würfeln Sie noch einmal!
- Tauschen Sie nach der ersten Runde Ihre Beispielsätze mit einer anderen Gruppe.

16 EIN TELEFONGESPRÄCH

a) Lesen Sie die Fragen. Hören Sie dann das Telefongespräch einmal und beantworten Sie die Fragen.

1 In welchem Verhältnis stehen die beiden Frauen wohl zueinander? Was glauben Sie?

A Familie **B** Freundinnen **C** Kolleginnen

2 Was möchte Julia Braun ihrem Besuch zeigen?

A den Bodensee **B** den Schwarzwald **C** ganz Deutschland

3 Was waren Frau Brauns Pläne für den Besuch ihres Freundes vor dem Telefonat?

A Camping machen
B eine Schifffahrt unternehmen
C ins Museum gehen
D wandern gehen
E eine Stadtbesichtigung machen
F in die Schweiz fahren
G in einen Biergarten gehen
H in eine Kneipe gehen
I Blumen kaufen
J die Insel Mainau besuchen

b) Hören Sie das Gespräch noch einmal. Wie sieht das Programm nach dem Telefonat aus? Ergänzen Sie die Aktivitäten.

	Donnerstag	Freitag	Samstag
Vormittag	Anreise		
Nachmittag			Schifffahrt +
Abend			

c) Stellen Sie sich vor, dass Ihre Familie oder Ihre Freunde und Freundinnen aus Ihrer Heimat zu Besuch kommen. Planen Sie zu zweit ein Programm. Sie haben drei Tage Zeit. Was machen Sie? Was möchten Sie besichtigen und warum? Wo essen Sie? Wo übernachten Sie? Welche Verkehrsmittel benutzen Sie?

Machen Sie einen Plan mit Notizen wie in b) und stellen Sie ihn im Kurs vor. Am Ende wählen alle ein Programm, aber nicht das eigene. Welches Programm ist am beliebtesten?

1 HAUPT- UND NEBENSÄTZE – HELENA LERNT DEUTSCH

a) Ergänzen Sie die Wörter.

bevor | dann | dass | denn | deshalb | obwohl | oder | trotzdem | und | weil | wenn | zu

Mein Name ist Helena. Ich komme aus Spanien. ________ (1) ich erst seit 6 Monaten Deutsch lerne, verstehe ich schon ziemlich viel. Zurzeit besuche ich einen Deutschkurs, ________ (2) ich will natürlich noch besser werden. Warum? Na, ________ (3) ich an einer deutschen Universität studieren möchte! ________ (4) ich mich dort bewerben kann, muss ich noch die C1-Prüfung bestehen. Alle Leute sagen, ________ (5) die Prüfung schwer ist. ________ (6) denke ich, ich kann das schaffen! ________ (7) ich die Prüfung im Mai bestehe, kann ich ab dem Wintersemester studieren. Schaffe ich es nicht, ________ (8) probiere ich es einfach im Juni oder Juli noch einmal. Na, Noten ________ (9) Prüfungen sind natürlich nicht alles! Noch viel wichtiger ist es, Spaß beim Lernen ________ (10) haben! ________ (11) lerne ich oft mit meinen Mitschülern zusammen. Während wir die Hausaufgaben machen, lachen wir immer sehr viel. Nach dem Lernen essen wir manchmal noch eine Pizza ________ (12) einen Döner. Solche Tage sind einfach perfekt!

b) Welche Sätze in a) sind Hauptsätze, welche sind Nebensätze? Markieren Sie die Sätze mit zwei unterschiedlichen Farben und markieren Sie in jedem Satz das Verb.

2 POSSESSIVARTIKEL

Ergänzen Sie den Possessivartikel mit den passenden Endungen.

1 Ich habe *mein* Geld vergessen und *meinen* Ausweis leider auch.
2 Die Frau hatte einen Unfall und jetzt ist ________ linkes Bein gebrochen.
3 Habt ihr ________ Hausaufgaben gemacht?
4 Er hat ________ Vater gestern beim Rasenmähen geholfen.
5 Am Samstag treffen wir ________ Freunde.
6 Die Kinder hören ________ Lehrerin nicht zu.
7 Musst du ________ Medizin noch nehmen?
8 Ich brauche ________ altes Regal nicht mehr, willst du es haben?
9 Das Kind hat ________ Teddybären verloren.
10 Besuchen Sie ________ Familie oft?
11 Ich grüße ________ Fans und ich danke ________ Frau für ihre Geduld. Es ist nicht leicht, einen Star zum Mann zu haben.
12 Gestern hat Regina ________ Mutter angerufen. Sie hatte schon lange nichts von ________ Tochter gehört.
13 ________ Auto ist kaputt, er muss den Bus nehmen.

14 Gefällt dir __________ neue Wohnung? Wir haben lange danach gesucht.

15 Kannst du bitte auch __________ Sonnenbrille mitbringen? Ich habe sie vergessen! Danke und bis gleich!

16 Wow! Ich muss euch schon sagen: __________ Garten ist wirklich wunderschön!

17 Peter schickt __________ Freund eine SMS.

3 MÖBEL

Lösen Sie das Buchstaben-Rätsel. Jede Zahl steht für einen Buchstaben (alle 1 = S, alle 2 = O usw.). Die Bilder helfen Ihnen.

1	2	3	4	5	6	7	8	9	10	11	12	13	14	15	16	17	18
S	O	F	A														

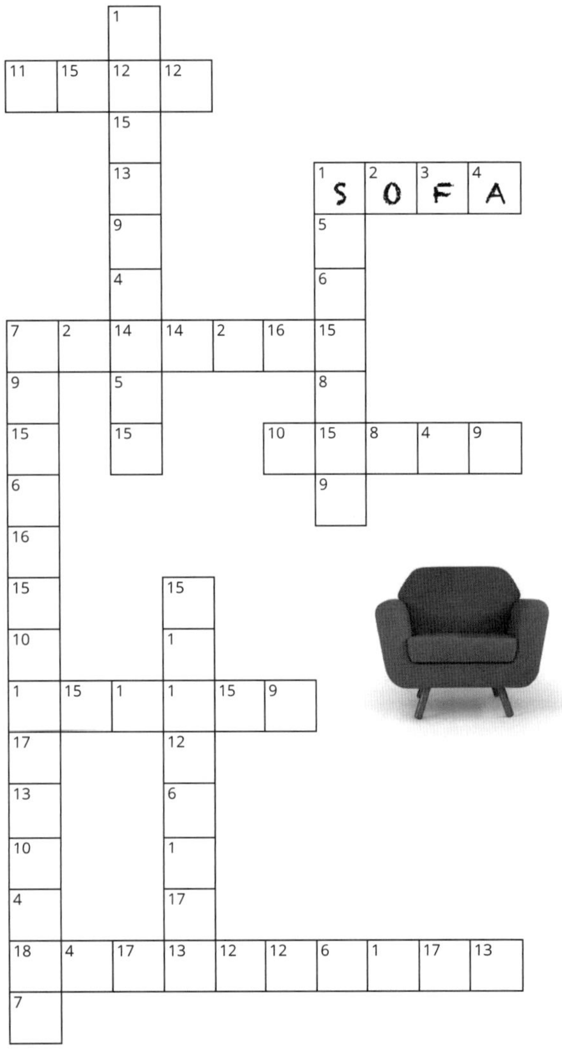

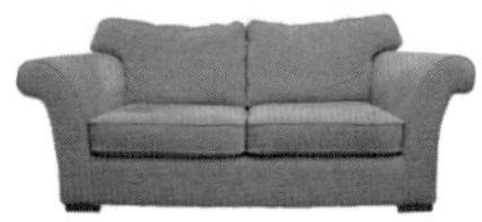

Lösung: Ich habe viele schöne

14	2	15	11	15	9

1 WOHNUNGSSUCHE

a) Lesen Sie die Wohnungsanzeige. Wie finden Sie diese Wohnung?

Dresden, Südvorstadt-Ost, Nähe Volkspark,
2ZKDB, 60 m², Blk., DG m. gr. Fenstern,
480€ + NK, Immobilienbüro an der Frauenkirche,
Tel. 01101-99 55 22

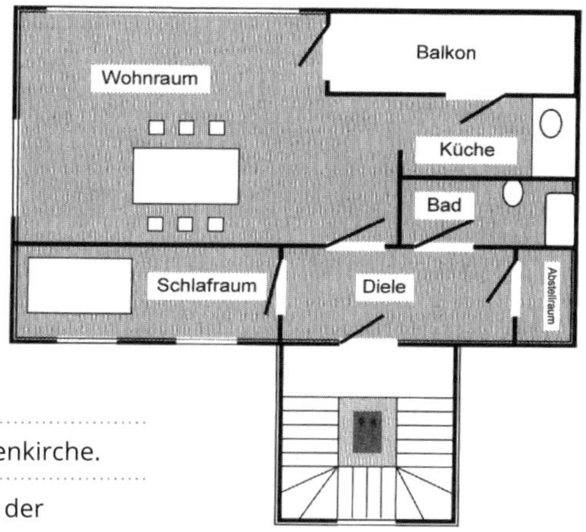

b) Lesen Sie die Fragen. Hören Sie dann den Text und beantworten Sie die Fragen in Stichworten.

1 Richtig oder falsch? Kreuzen Sie an.

R	F	1	Die Wohnung liegt an der Frauenkirche.
R	F	2	Herr Schmitt hat die Anzeige in der *Morgenpost* gesehen.
R	F	3	Die Wohnung liegt in der 3. Etage im Dachgeschoss.
R	F	4	Frau Schmitt ist Übersetzerin und arbeitet im Homeoffice.
R	F	5	Das Wohnzimmer hat große Fenster und ist hell.
R	F	6	Sie haben zwei Kinder und einen Hund.
R	F	7	Der Hund ist ein Problem. Haustiere sind nicht erlaubt.
R	F	8	Herr und Frau Schmitt wohnen in Berlin.
R	F	9	Der Besichtigungstermin ist am Sonntag um 10 Uhr.

2 Wie groß sind die Zimmer?

Wohnzimmer: ________ Küche: ________

Schlafzimmer: ________ Bad: ________

3 Wofür braucht Frau Schmitt Platz?

4 Wie hoch sind die Nebenkosten ungefähr?

5 Wo ist der Besichtigungstermin?

6 Wie findet Herr Schmitt den Weg zur Wohnung?

2 KONJUNKTIONEN AUF POSITION 0

Bilden Sie Sätze mit den angegebenen Konjunktionen. Ergänzen Sie die Endungen und konjugieren Sie die Verben. Ergänzen Sie ein Komma, wenn nötig.

1 sondern: Mia / nicht / nach / Köln / umziehen // Bonn / sie / in / bleiben

_____

2 denn: Bonn / in / bleiben / sie // sie / dort / finden (Perfekt) / ein__ WG

_____

3 aber: in / wohnen / Bonn / sie // studieren / Köln / in / sie

_____

4 doch: sie / d__ Zug / pendeln wollen / mit // ist / teuer / das

_____

5 oder: ein__ Studienplatz / suchen können / in / Bonn / sie // sie / finden können / ein__ WG / Köln / in

_____

_____

6 und: Bonn / nicht / Köln / sein / wie / groß / so // nicht / Leute / dort / wohnen / viele / so

_____

_____

3 KONJUNKTIONEN UND FRAGEWÖRTER – FELDHOCKEY

Ergänzen Sie die fehlenden Wörter. Manche Wörter können Sie mehrmals verwenden und manchmal sind mehrere Lösungen richtig.

aber | da | dass | denn | deshalb | doch | ob | oder | sondern | und | wann | warum | weil | wenn

Heute erzähle ich euch von meiner Lieblingssportart. Mein Lieblingssport ist nicht Fußball (wie bei so vielen), _____ (1) Feldhockey! Das ist eine Randsportart, _____ (2) es gibt nicht viele Vereine _____ (3) nur wenige Sportler entscheiden sich für diese Sportart. Man spielt Feldhockey mit einem Schläger aus Holz _____ (4) Metall _____ (5) einer Kugel aus Plastik. Am Anfang fand ich es schwierig, _____ (6) man den Ball nur mit der flachen Seite des Schlägers spielen darf. _____ (7) jetzt habe ich mich daran gewöhnt. Ziel des Spiels ist, _____ (8) man die Kugel ins Tor der anderen Mannschaft schießt. _____ (9) man das öfter schafft als die Gegner, dann gewinnt man. Sicher wollt ihr wissen, _____ (10) ich mich für diesen Sport entschieden habe. Meine Eltern haben mich damals auch gefragt, _____ (11) ich nicht lieber zum Fußball wollte. _____ (12) ich wollte Hockey spielen, _____ (13) es etwas Besonderes ist. _____ (14) es nicht so viele Vereine gibt, muss man oft weite Strecken fahren,

_____ (15) das gefällt mir besonders gut, _____ (16) so bin ich viel unterwegs _____ (17) lerne viele andere Städte kennen. Außerdem ist es beim Hockey eine interessante Herausforderung, _____ (18) man eine gute Technik braucht. Ich versuche stets, mich zu verbessern. _____ (19) trainiere ich zweimal pro Woche mit meiner Mannschaft. Das macht immer großen Spaß! Und _____ (20) fangt ihr an, Feldhockey zu spielen?

4 SO WOHNEN STUDIERENDE

a) Sie möchten im nächsten Herbst Ihr Studium in einer Großstadt beginnen und informieren sich im Internet auf studentenpost.de über Wohnmöglichkeiten in Zeiten großer Wohnungsnot. Lesen Sie den Text (allein oder in Gruppen) und finden Sie für die Abschnitte A bis G eine passende Überschrift.

ALTERNATIVE WOHNFORMEN FÜR STUDIERENDE

500.000 Studenten beginnen deutschlandweit jedes Jahr zum Wintersemester ihr Studium. In Universitätsstädten wie Berlin, München, Köln oder Heidelberg wird es immer schwieriger, eine bezahlbare Wohnung zu finden. Bei offenen Besichtigungsterminen stehen nicht selten hundert Leute vor der Tür, und für ein freies WG-Zimmer können die WGs wochenlang Interviews führen, bis sie den richtigen Mitbewohner gefunden haben. Jedes Jahr gelingt es tausenden Studenten nicht, rechtzeitig ein Zimmer zu finden. Und so übernachten sie in Waschräumen, zelten auf dem Campus oder nehmen extrem lange Pendelzeiten in Kauf. Die Studentenpost hat für euch nach alternativen Wohnmöglichkeiten gesucht. Die Ergebnisse präsentieren wir euch hier:

A _____

In einigen deutschen Großstädten gibt es Initiativen und Vereine zur Bildungsförderung für Kinder. <u>Die</u> mieten Wohnungen an und richten <u>dort</u> WG-Zimmer ein. Drei bis vier Studenten pro Wohnung können mietfrei wohnen, nur die Nebenkosten müssen <u>sie</u> bezahlen. Dafür müssen <u>sie</u> an drei Nachmittagen in der Woche den Kindern aus der Nachbarschaft Nachhilfe geben. Im Erdgeschoss gibt es verschiedene Lernräume. <u>Hier</u> sitzen nach der Schule Kinder von der ersten bis zur zehnten Klasse und bekommen Hilfe bei den Hausaufgaben oder gezielte Förderung in den verschiedenen Schulfächern. Diese Einrichtungen findet man oft in Problemvierteln. <u>Dort</u> versucht man, den Kindern durch Bildungsförderung neue Perspektiven für ihr Leben zu geben.

B _____

In ganz Deutschland findet man solche Hilfsprojekte: Man unterstützt bedürftige Menschen im Alltag und kann dafür im Gegenzug kostengünstig wohnen. Wir haben einige Teilnehmer gefragt, was sie so machen und was sie dafür bekommen. Jana G. studiert in Tübingen und wohnt in einem Altenheim. Ihre Nachbarn sind im Durchschnitt 70 und damit 50 Jahre älter als sie. Für ihre 30 Quadratmeter große Einzimmerwohnung muss sie 240 Euro bezahlen, plus Nebenkosten. Aber sie kann die Kaltmiete abarbeiten. Für eine Stunde pro Quadratmeter kümmert sie sich um die alten Leute. Sie geht einkaufen, putzt, wäscht die Wäsche oder verbringt mal einen Fernsehabend mit den alten Leuten. Für jede Stunde reduziert sich die Miete.

C

Ein anderes Hilfskonzept verfolgt Michaela W. Sie bewohnt ein eigenes Zimmer unter dem Dach in dem Einfamilienhaus von Familie Stefanski. Die Absprache ist ganz klar: Michaela muss morgens die beiden Kinder wecken, anziehen und für den Kindergarten fertig machen. Um 7:45 Uhr verlassen sie dann mit der Mutter das Haus. Michaela muss also montags bis freitags immer früh raus. Für sie ist das kein Problem, denn sie ist eine Frühaufsteherin und mag Kinder. Und drei Mal pro Woche muss sie abends babysitten. Miete bezahlt sie gar keine, auch keine Nebenkosten.

D

Auch Sabrina S. hat ihr eigenes kleines Hilfsprojekt gefunden und darf dafür sogar mietfrei wohnen. Sie teilt sich eine Wohnung mit einer alten Dame, Frau Brunelli. Diese hatte ein freies Zimmer, das leer gestanden hat. Als es ihr immer schwerer fiel, die Treppe zu putzen oder die Einkäufe auf die dritte Etage zu schleppen, hat sie die junge Studentin Sabrina bei sich einziehen lassen. Miete zahlt Sabrina nicht, dafür hilft sie im Haushalt und bei Besorgungen, fährt Frau Brunelli zum Arzt oder besucht mit ihr ein Theater oder Museum.

E

Wenn ein Haus oder Gebäude leer steht, kommt es manchmal zu Einbrüchen oder Hausbesetzungen. Das wollen die Städte nicht, also haben sie ein Konzept für billigen Wohnraum entwickelt: Sie vermieten die leer stehenden Wohnungen für eine kleine Pauschale an Studenten und lassen so die Häuser bewachen. Das alte Gesundheitsamt in Göttingen z. B. ist von der Stadt als Wohnraum für Studenten freigegeben. In den ehemaligen Büros wohnen nun vorübergehend zukünftige Mediziner, Betriebswirte, Anwälte und Psychologen. Die Schreibtische und Stühle waren sogar noch da, die restlichen Möbel mussten die Bewohner selbst mitbringen.

F

Wenn es in den Städten eng wird, sind Container eine weitere Wohnmöglichkeit. Man hat die Wahl zwischen Single-, Pärchen- und WG-Containern. Die für Singles kosten 300 Euro pro Monat, als Pärchen muss man schon das Doppelte bezahlen, und für eine 3er-WG werden 900 Euro fällig. Und weil diese Container nicht einzeln irgendwo herumstehen, sondern manche Städte ganze Containerdörfer errichten, entsteht hier schnell eine sympathische und hilfsbereite Gemeinschaft der Bewohner. Wenn es dann auch noch Freizeitangebote wie Tischtennis oder Kicker gibt, findet man ganz schnell neue Freunde.

G

Architekturstudenten aus Bochum hatten eine ganz neue Idee, billigen Wohnraum zu schaffen und gleichzeitig nur wenig Platz zu brauchen: Sie entwickelten innerhalb von zwei Jahren den Wohn-Ballon, eine etwa 55 Kubikmeter große Plastikkugel. Man kann sie einfach zwischen zwei Häuser klemmen. Der Eingang ist eine alte Telefonzelle. Darin findet man auch eine Treppe, eine Toilette und eine Dusche, alles auf engstem Raum. Die Wände der Kugel sind lichtdurchlässig und der Boden erinnert an eine Hüpfburg für Kinder. Frischluft pumpt man über eine Pumpe in den Ballon. Nur kochen kann man in der Wohnkugel nicht.

b) Lösen Sie die Aufgaben zum Leseverstehen (allein oder in Gruppen).

1 Richtig oder falsch? Kreuzen Sie an. (Einleitung)

R	F	1	In Deutschland beginnen jährlich etwa 500.000 junge Menschen ein Studium.
R	F	2	Vor einigen Jahren war es einfach, eine günstige Wohnung zu finden.
R	F	3	Wenn eine WG ein freies Zimmer hat, stehen hundert Leute vor der Tür.
R	F	4	Für Studenten ohne Unterkunft richten die Universitäten Notunterkünfte ein.
R	F	5	Einige Studenten müssen weit entfernt von der Universität wohnen.

2 Erklären Sie die Bezüge. Was bedeuten diese Wörter im Kontext? (Abschnitt A)

1 Zeile 14: Die =

2 Zeile 15: dort =

3 Zeile 16/17: sie (2x) =

4 Zeile 19: Hier =

5 Zeile 21: Dort =

3 Welche Aussage stimmt mit dem Text überein? (Abschnitt B)

A Die Nachbarn von Jana im Altenheim sind im Durchschnitt 50 Jahre alt.

B Jana studiert Altenpflege.

C Jana ist 20 Jahre alt.

4 Welche Aussage stimmt mit dem Text überein? (Abschnitt B)

A Janas Wohnung kostet 8 €/m² kalt.

B In der Miete sind die Nebenkosten inklusive.

C Wenn Jana 240 Stunden im Monat arbeitet, braucht sie keine Miete zu bezahlen.

5 Welche Aussage stimmt mit dem Text überein? (Abschnitt C)

A Michaela wohnt mit zwei Kindern unter einem Dach.

B Um Viertel vor acht bringt Michaela die Kinder in die Kita.

C Michaela kümmert sich von Montag bis Freitag an drei Abenden um die Kinder.

6 Welche Aussage stimmt mit dem Text überein? (Abschnitt D)

A Sabrina darf gratis bei Frau Brunelli wohnen.

B Sabrina und Frau Brunelli wohnen zusammen in einem freien Zimmer.

C Sabrina muss sich nicht um das Freizeitprogramm von Frau Brunelli kümmern.

7 Ergänzen Sie. (Abschnitt E)

Zu Einbrüchen und Hausbesetzungen kommt es, wenn ______.

Diese Gebäude sind jetzt bewacht, denn ______.

Im alten Gesundheitsamt in Göttingen mussten die Studenten ______ Tische und Stühle ______.

8 Füllen Sie die Tabelle aus. (Abschnitt F)

Containerart	Kosten

9 Zeichnen Sie anhand der Informationen aus dem Text den Wohn-Ballon. (Abschnitt G)

c) Bilden Sie Gruppen. Jede Gruppe fasst einen Textabschnitt zusammen. Beschränken Sie sich auf die wichtigsten Informationen (maximal 3 Sätze). Präsentieren Sie dem Kurs Ihre Zusammenfassung.

5 DEMONSTRATIVPRONOMEN – NEUE WOHNUNG

Ergänzen Sie passende Demonstrativpronomen (*dies-*, *der / das / die*). Mehrere Lösungen sind richtig.

Ich habe jetzt endlich meinen Mietvertrag unterschrieben. ______ (1) hat ganz schön lange gedauert. Zuerst hat der Makler den Vertrag nicht mitgebracht. ______ (2) war sowieso komisch, immer unrasiert, und erst die Klamotten! ______ (3) waren bestimmt von seinem Opa! Dann hat der Vermieter vergessen, die Höhe der Miete in den Vertrag zu schreiben. ______ (4) beträgt nämlich 280 Euro pro Monat. Zum Glück hat er eine Assistentin. ______ (5) hat schnell und gut reagiert und hat ______ (6) schnell für ihn erledigt. Einen Nachbarn habe ich auch schon kennengelernt, mit ______ (7) komme ich bestimmt klar. Nur die alte Dame im Erdgeschoss ist merkwürdig, für ______ (8) bin ich Luft. ______ (9) grüßt nicht einmal. Mit ______ (10) bekomme ich bestimmt noch Ärger. Aber so ist das wohl mit Nachbarn, ______ (11) kann man sich halt nicht aussuchen.

6 MIETVERTRAG – ICH VERSTEH' NUR BAHNHOF …

Sie haben endlich eine Wohnung gefunden und sollen jetzt den Mietvertrag unterschreiben. Leider verstehen Sie viele Dinge nicht.

Arbeiten Sie in Gruppen. Lesen Sie je einen Paragraphen aus dem Mietvertrag. Arbeiten Sie mit dem Wörterbuch und finden Sie einfachere Formulierungen insbesondere für die unterstrichenen Wörter. Schreiben Sie dann den Mietvertrag in einfacherem Deutsch.

MIETVERTRAG

§ 1 Die Vertragspartner erklären, dass die Wohnung durch 1 Person genutzt wird. Über Änderungen in der Belegungsanzahl informiert der Mieter den Vermieter unverzüglich. Die Zustimmung des Vermieters ist aber bereits vor der Aufnahme weiterer Personen zu beantragen.

§ 2 Verlust und Beschaffung von Schlüsseln sind dem Vermieter umgehend zu melden. Der Mieter muss dem Vermieter die Schlüssel bei Beendigung des Mietverhältnisses zurückgeben. Der Mieter muss dem Vermieter spätestens zwei Wochen nach Wohnungsübergabe mitteilen, wie der Zugang zur Wohnung für Notfälle bei längerfristiger Abwesenheit des Mieters garantiert ist.

§ 3 Das Mietverhältnis läuft auf unbestimmte Zeit. Sowohl der Mieter als auch der Vermieter können es innerhalb der gesetzlichen Kündigungsfrist kündigen. Diese Kündigung muss schriftlich bis zum dritten Werktag des ersten Monats von der Kündigungsfrist erfolgen.

§ 4 Der Mieter verpflichtet sich unwiderruflich, eine Kaution in Höhe von 1500,00 Euro an den Vermieter in Form eines Kautionssparbuchs zu zahlen.

§ 5 Der Mieter hat das Recht, drei gleiche monatliche Teilzahlungen zu leisten. Die erste Teilzahlung ist zu Beginn des Mietverhältnisses fällig, die zwei weiteren Teilzahlungen in den zwei Folgemonaten zusammen mit der fälligen Monatsmiete.

§ 1 Nur 1 Person darf …

§ 2 Man muss …, wenn …

§ 3 Die Dauer des Mietvertrags …

§ 4 Man muss …

§ 5 Man darf …

7 PRÄPOSITIONEN, ARTIKEL, ENDUNGEN – BLUE HOTEL

Ergänzen Sie die Präpositionen, die Artikel und die fehlenden Endungen. Die Präpositionen passen mehrmals.

an | aus | auf | hinter | in | nach | neben | über | vor | zwischen

1 E___ Wagen fährt ______ ___ Hotel. Der Fahrer bleibt ______ Wagen.

2 E___ Mann geht ______ ___ Lobby. Er hält einen Koffer ______ ___ Hand.

3 E___ Frau ______ e___ rot___ Kleid kommt ______ dem Hotel. Sie geht ______ ___ Straße.

4 ______ ___ Hotel schwingt eine Palme im Wind hin und her.

5 Gehe ich heute noch ______ ___ Strand? Oder bleibe ich heute ______ mein___ Zimmer?

6 Unten, ______ ___ Lobby, kann man etwas trinken.

7 Warum parkt der Typ da unten sein___ Wagen nicht ______ ___ Hotel? Und warum steigt er nicht endlich ______ ___ Wagen aus?

8 Die Klimaanlage ______ ___ Dach macht Lärm.

9 Seit wann wohne ich jetzt ______ dies___ Hotel? Ich weiß es nicht mehr.

10 Gehe ich runter in die Lobby und trinke etwas? Ich habe kein___ Geld mehr ______ Geldbeutel.

11 Ganz oben links, ______ ___ vierten Etage, sind die Fenster offen.

12 E___ leer___ Fahrstuhl fährt runter ins Erdgeschoss. Wer steigt ______ ___ Fahrstuhl ein?

13 D___ ander___ Fahrstuhl fährt nach oben und hält ______ ___ viert___ Etage.

14 Aber niemand___ ist ______ Fahrstuhl, keiner kommt heraus.

15 Das Hotel liegt sehr schön, direkt ______ Meer.

16 Man hat einen sehr schön___ Blick ______ ___ Bucht.

17 ______ Horizont sieht man Berge.

18 Aber es wohnen nicht viel___ Menschen ______ dies___ Hotel.

19 Gehe ich ______ unten und rauche ______ ___ Eingang ___ Zigarette?

20 ______ Radio läuft ___ Popsong. „Blue Hotel" heißt er.

21 Steht „Blue Hotel" nicht auch ______ ___ Schild?

22 ______ ______ Hotel und ______ Strand gibt es eine klein______ Straße.

23 Vielleicht setze ich mich ______ ______ Mauer und sehe ______ ______ Meer.

24 Oder setze ich mich ______ ______ Lobby ______ ______ Klavier und spiele ein Lied?

25 Ein Lied ______ ______ „Hotel of Broken Dreams"?

26 Verdammt! ______ ______ Packung sind kein______ Zigaretten mehr ...

8 WECHSELPRÄPOSITIONEN

a) Ergänzen Sie die Artikel.

1 Ich stelle d______ Tisch an d______ Fenster.

2 Er setzt sich auf d______ Stuhl.

3 Sie hängt das Bild an d______ Wand.

4 Er stellt d______ Schrank auch an d______ Wand.

5 Jetzt hängt das Bild hinter d______ Schrank, schade!

6 Die Gäste sitzen auf d______ Sofa, d______ Stühlen und auch auf d______ Boden.

7 Sie legt d______ Käse, d______ Bier und d______ Weintrauben in d______ Kühlschrank.

8 Eier, Salat und Wasser liegen auch i______ Kühlschrank.

9 Wo steht der Tisch? – Der Tisch steht vor ______ Fenster.

10 Wohin hängt Linda das Bild? – Sie hängt das Bild an ______ Wand.

11 Wohin stellt Diana den Stuhl? – Sie stellt den Stuhl vor ______ Tisch.

12 Wo ist Nils? – Er liegt i______ Bett.

13 Wo sitzt Min? – Sie sitzt neben e______ Studentin.

14 Wohin setzt sich Herr Dreier? – Er setzt sich neben ______ Lehrerin.

15 Wohin legt der Student das Buch? – Er legt das Buch auf ______ Tisch.

16 Wo liegt das Buch jetzt? – Es liegt auf ______ Tisch.

17 Wo steht das Auto? – Das Auto steht vor ______ Haus unter ______ Baum.

18 Wohin hängt Fei die Lampe? – Er hängt die Lampe über ______ Tisch.

19 Wo ist die Bäckerei? – Die Bäckerei ist zwischen ______ Post und ______ Kiosk.

20 Wohin legt Gerda das Geld? – Sie legt das Geld hinter ______ Bücher.

21 Wo wohnt Peter, der Bäcker? – Er wohnt unter ______ Musiker, neben ______ Pilotin.

22 Wohin stellt Erwin die Milch? – Er stellt die Milch in ______ Kühlschrank.

b) Ergänzen Sie: Wohin kommt das? Wo ist das jetzt?

	Wohin kommt das?	Wo ist das jetzt?
1	Die Butter kommt in den Kühlschrank.	Jetzt ist sie im Kühlschrank.
2	Die Bücher kommen i ___ Regal.	Jetzt sind sie i ___ Regal.
3	Die Hosen kommen in ___ Kleider-schrank.	Jetzt ___
4	Die Schuhe kommen vor ___ Tür.	Jetzt ___
5	Die Marmelade kommt zwischen ___ Nusscreme und ___ Honig.	Jetzt ___
6	Der Nachttisch kommt neben ___ Bett.	Jetzt ___
7	Das Bild kommt über ___ Sofa.	Jetzt ___
8	Der Fisch kommt in ___ Badewanne.	Jetzt ___
9	Die Zeitschriften kommen unter ___ Tisch.	Jetzt ___
10	Der Mantel kommt an ___ Haken.	Jetzt ___
11	Der Müll kommt in ___ Mülltonne.	Jetzt ___
12	Die CDs kommen in ___ CD-Spieler.	Jetzt ___
13	Die Fahrräder kommen in ___ Garage.	Jetzt ___
14	Die Kissen kommen auf ___ Betten.	Jetzt ___

9 WERKZEUG

a) Welche Werkzeuge kennen Sie? Ergänzen Sie die Nomen mit Artikel und Plural.

b) Was macht man mit dem Werkzeug? Bilden Sie Sätze mit Präpositionen.

Mit der Zange kann man einen Nagel aus der Wand herausziehen. ...

10 INDEFINITPRONOMEN *EIN-*, *WELCH-*, *KEIN-* UND POSSESSIVPRONOMEN

Ergänzen Sie die Indefinitpronomen *ein-*, *welch-*, *kein-* und die Possessivpronomen.

1 Wie viele Balkone hat deine Wohnung? – Sie hat __________.

2 Kennt jemand den Namen von dem Vermieter? – Nein, __________.

3 Kennst du einen seriösen Makler? – Nein, leider kenne ich __________.

4 Gibt es hier noch freie Zimmer? – Hier nicht, aber im Wohnheim gibt es noch __________.

5 Ich brauche einen Hammer. Hast du __________? – Nein, ich habe auch __________.

6 Ich will den Vertrag unterschreiben, ich brauche einen Stift. – Hier, nimm __________.

7 Sind die Umzugskartons von meinen Eltern oder von d__________? – Von m__________.

8 Mist, ich habe keine Nudeln mehr. – Kein Problem, ich habe noch __________.

9 Komisch, alle haben beim Umzug geholfen, aber __________ wollte dann noch ein Bier trinken.

10 Kennst du gute Bars hier? – Nein, ich kenne __________, ich bin erst gestern hierher gezogen.

11 INDEFINITPRONOMEN *ETWAS*, *NICHTS*, *ALLES*

Ergänzen Sie die Indefinitpronomen *etwas*, *nichts* und *alles*.

- ♦ Guten Abend. Haben Sie schon __________ (1) bestellt?
- ■ Nein, wir haben noch __________ (2) bestellt. Wir möchten aber gern __________ (3) bestellen.
- ♦ Und? Haben Sie schon __________ (4) gefunden?
- ■ Nein, __________ (5) klingt sehr gut. Ich kann mich nicht entscheiden. Was nimmst du, Schatz?
- ● Das hört sich wirklich __________ (6) sehr lecker an. Ich würde am liebsten __________ (7) essen,

aber ich habe keinen großen Hunger. Ich nehme nur ______ (8) Kleines. Die Tomatensuppe für mich, bitte.

- ♦ Und Sie? Möchten Sie gern ______ (9) Kaltes oder ______ (10) Warmes essen?
- ■ ______ (11) Warmes, es ist so heiß heute. Ich denke, ich nehme einen Salat.
- ♦ Sonst noch ______ (12)?
- ■ Nein, das ist ______ (13). Obwohl ... Ach, wissen Sie, ich bin eigentlich auf Diät. Ich nehme doch besser keinen Salat.
- ♦ Was darf es dann sein?
- ■ ______ (14)! Ich sagte doch, ich bin auf Diät!
- ♦ Nur eine Tomatensuppe also. Das wäre dann ______ (15). Danke.

12 INDEFINITPRONOMEN *JEDE-*, *ALLE-*

Ergänzen Sie die Indefinitpronomen *jede-* und *alle-*. Manchmal sind mehrere Lösungen richtig.

1 Das ist ein Fest für die ganze Familie. Da ist für ______ etwas dabei.

2 ______ dritte Student wohnt in einer WG.

3 Das weiß doch ______! – Stimmt. ______ wissen das.

4 Man kann nicht ______ helfen.

5 Ich habe mit ______ gesprochen.

13 INDEFINITPRONOMEN – FLOHMARKT

Sie sind auf dem Flohmarkt. Welche gebrauchten Gegenstände suchen Sie? Was brauchen Sie (nicht)? Was haben Sie schon? Sprechen Sie zu zweit.

Hast du ein- ...?
Suchst du ein- ...?
Nein, ich habe kein- ... Ich brauche noch ein- ...
Oh ja, ich brauche unbedingt ein- ...

14 EINWEIHUNGSPARTY

Schreiben Sie eine Einladung zu Ihrer Einweihungsfeier.

- Schreiben Sie den Grund für die Feier.
- Schreiben Sie, wann und wo die Feier stattfindet.
- Bitten Sie Ihre Gäste, etwas zur Feier mitzubringen.

15 PARTNERDIKTAT – TRAUMWOHNUNG

Arbeiten Sie zu zweit. Person A beginnt. Lesen Sie Ihrem Partner / Ihrer Partnerin Ihren Text einmal komplett vor (ohne Satzzeichen). Diktieren Sie dann den Text Satz für Satz. Sprechen Sie laut und deutlich. Lesen Sie auch die Satzzeichen vor. Person B schreibt den Text. Tauschen Sie anschließend die Rollen.

Wenn Sie fertig sind, korrigieren Sie den Text Ihrer Partnerin / Ihres Partners mit Hilfe der Vorlage. Markieren Sie die Fehler. Ist alles richtig? Haben Sie gut vorgelesen?

A Liebe Lisa,

ich habe endlich meine Traumwohnung hier in Hamburg. Sie liegt im Zentrum, hat drei Zimmer und kostet nur 700 Euro Miete im Monat. Das ist sehr günstig, findest du nicht? Die Nebenkosten sind auch nicht so hoch. In der Nähe sind ein Spielplatz für meine Kinder und ein Fußballplatz für meinen Mann. Du weißt, er liebt Sport. Eine Terrasse haben wir auch und mein Sohn kann im Garten Basketball spielen. Komm uns doch bald besuchen!

Viele Grüße
Maxi

B Liebe Maxi,

danke für deine Einladung! Ich komme gerne in deine Traumwohnung. Wir suchen jetzt auch eine Wohnung oder ein Reihenhaus, denn wir haben viele Probleme hier. Die Nachbarn grillen gerne auf dem Balkon und der Rauch stört uns sehr. Frau Meier füttert oft die Tauben auf dem Fensterbrett und das ist auch sehr laut. Leider sind Reihenhäuser in Hamburg sehr teuer. Vielleicht ziehen wir um. Mein Freund hat Familie in Berlin, vielleicht finden wir dort etwas.

Liebe Grüße
Lisa

16 HAUSORDNUNG

a) Lesen Sie die Hausordnung und vervollständigen Sie die Aussagen mit Wörtern aus dem Text.

Eine Hausordnung regelt die Rechte und Pflichten der Mieter eines Hauses. Sie gilt für alle Mieter. Ohne diese Ordnung ist das Zusammenleben vieler Menschen unter einem Dach nur schwer möglich, denn man fühlt sich nur dann wohl, wenn jeder auf den anderen Rücksicht nimmt.

Hausordnung

Lärm:

Bitte beachten Sie die Ruhezeiten: mittags 13:00 - 15:00 Uhr, Nachtruhe 22:00 - 6:00 Uhr. Radios, Fernseher, CD-Player usw. dürfen auch außerhalb dieser Zeiten nur auf Zimmerlautstärke laufen. Bitte informieren Sie die Hausgemeinschaft rechtzeitig über Feiern aus besonderem Anlass.
Das Spielen von Instrumenten ist während der Mittagsruhe (13:00 – 15:00 Uhr) und zwischen 19:00 und 8:00 Uhr verboten. In den anderen Zeiten darf man maximal zwei Stunden pro Tag musizieren.

Sicherheit:

Zu Ihrer Sicherheit schließen Sie Haustüren und Kellereingänge in der Zeit von 22:00 – 6:00 Uhr immer ab.
Das Grillen ist auf den Balkonen und Terrassen grundsätzlich nicht erlaubt. Nutzen Sie dafür den öffentlichen Grillplatz hinter dem Haus.

Reinigung:

Halten Sie Haus und Grundstück sauber. Der Vermieter erstellt einen Reinigungsplan. Nach diesem Plan müssen die Mieter abwechselnd Flure, Treppenhaus und Fenster reinigen. Den Müll dürfen Sie nur in die dafür vorgesehenen Mülltonnen und Container werfen. Achten Sie auf die Mülltrennung. Sondermüll und Sperrgut gehören nicht in die Tonnen, sondern Sie brauchen einen Termin bei der Stadt.

1 Eine Hausordnung regelt das ______ der Hausgemeinschaft.

2 Jeder Mieter hat bestimmte ______, d. h. er darf bestimmte Dinge tun.

3 Er hat aber auch ______, d. h. er muss bestimmte Dinge tun oder beachten.

4 Alle Mieter müssen die ______ beachten.

5 Wenn viele Menschen ______ ______ ______ leben, ist ein Zusammenleben ohne Ordnung schwierig.

6 Wenn jeder auf den anderen Rücksicht nimmt, ______ man sich wohl.

7 Lärm: Die Mittagsruhe ist ______ ______ Uhr ______ ______ Uhr.

8 Von 22:00 bis 6.00 Uhr ist die ______.

9 Man darf ______ zwei Stunden am Tag ______ spielen.

10 Sicherheit: Zwischen 22:00 und 6:00 Uhr muss man die Haustür immer ______.

11 Auf den Balkonen ______ man nicht mit Holzkohle ______.

12 Reinigung: Der ______ hat einen Putzplan ______: Flure, Treppen, Fenster und Dachbodenräume müssen die ______ regelmäßig putzen.

13 Mülltrennung: Es gibt Tonnen für Rest-, Bio- und Plastikmüll. Die Mieter müssen die ______ beachten.

b) Sprechen Sie zu zweit oder in der Gruppe über Regeln und Ordnungen.

- Was soll man neben Lärm, Sicherheit und Reinigung noch in einer Hausordnung regeln?
- Gibt es in Ihrer Heimat Ordnungen für das Zusammenleben?
- Wo soll es auch Ordnungen geben?
- Welche Regeln wünschen Sie sich für das gemeinsame Lernen im Kurs?

1 BESTIMMTER ARTIKEL – MEIN HAUS, MEIN AUTO, MEIN BOOT

Stefanie Stanten ist ein Star. Die Fernsehsendung *Boulevard* möchte deshalb eine Reportage über sie machen. Ein Kamerateam besucht sie zu Hause und Stefanie Stanten zeigt ihm alles. Ergänzen Sie die bestimmten Artikel im richtigen Kasus.

Herzlich willkommen in meinem Zuhause. __________ (1) Haus ist 2 Millionen Euro wert! Ich habe __________ (2) Dachgeschoss erst vor zwei Jahren renoviert. __________ (3) Haus fehlt wirklich nichts, es gibt sogar einen Pool, eine Tiefgarage und einen Hubschrauberlandeplatz.

Das hier ist mein Lieblingsauto, __________ (4) weiße. Ich habe __________ (5) Wagen von meinem Mann zur Hochzeit bekommen. Ich habe auch einen schwarzen Sportwagen, der ähnelt __________ (6) weißen Auto wirklich sehr.

Das hier ist mein Boot. __________ (7) Jacht heißt Cassandra. Sehen Sie, ich habe auch __________ (8) Jacht bei der Scheidung von meinem Mann bekommen. Darüber bin ich sehr froh, denn __________ (9) blöden neuen Freundin meines Mannes – pardon, Ex-Mannes – wollte ich sie nun wirklich nicht geben! Aber das ist mir sowieso egal, denn ich brauche keine Familie. Ich habe ja meine Katzen!

__________ (10) beiden hier links sind reinrassige Siamkatzen. Für

__________ (11) Jungen bezahlt man circa 600 Euro. __________ (12) meisten meiner Freunde gefallen aber meine neuen Bengalkatzen besser, da bezahlt man bis zu 2.500 Euro pro Katze. Warum mein Ex mich verlassen hat? Tja, das kann ich mir auch nicht erklären ...

2 NOMEN, ADJEKTIVE UND VERBEN

Bilden Sie aus den Wörtern Sätze! Konjugieren Sie die Verben und deklinieren Sie Nomen, Artikel und Adjektive. Achten Sie auch auf die Zeitformen der Verben.

1 wissen wollen // sagen: Ich / jetzt // du / was / mein_ Freund / best_ / gerade

Ich will jetzt wissen, was du meinem besten Freund gerade gesagt hast.

2 gewinnen // machen: mein_ Nachbar_ / im Lotto / Falls // er / ein_ Weltreise / 6-monatig_

____

____

3 mitbringen: Wir / mein_ Kollege_ / zu sein_ Dienstjubiläum / gestern / ein_ Blumenstrauß / schön_

____

____

4 regnen // ausfallen: es / Wenn / auch so stark / morgen // d_ Firmenausflug / geplant_ / leider

____

____

5 leben // haben: Maria / am liebsten / in ein_ WG / international_ // weil / sie / da / Kontakt zu Studenten / aus Länder_ / ander_

6 schreiben // besuchen wollen: Mein_ Eltern / mir / Woche / letzt_ // sie / dass / mich / in d_ Herbstferien

7 sich freuen // wiedersehen: Ich / darauf / sehr // mein_ Schulkameraden / alt_ / nach zehn Jahren

8 vergessen // parken: wirklich / du // du / unser_ Wagen / wo?

9 versprechen // gießen: Ich / mein_ Nachbarin / vor ihr_ Urlaub // ihr_ Blumen / schön_

10 losfahren können // kontrollieren müssen: ihr / Bevor // ihr / d_ Ölstand / d_ Auto_ / noch einmal

11 gehören: Mein_ Onkel / d_ Haus / schönst_ / am Rand / dies_ Vorort_ / nett_, klein_

3 ENTSCHULDIGUNG, KÖNNEN SIE MIR HELFEN?

Wählen Sie eine der beiden Aufgaben.

A Mareike besichtigt heute zwei Wohnungen in Hamburg-Altona. Sie hat auf dem Parkplatz an der Luruper Hauptstraße in der Nähe des Dahliengartens Hamburg geparkt. Nun will sie die erste Wohnung auf dem Grandkuhlenweg besuchen. Sie fragt einen Passanten nach dem Weg. Später geht sie vom Grandkuhlenweg zur nächsten Wohnung auf der Stadionstraße. Auch hier fragt sie nach einer Wegbeschreibung. Suchen Sie die Ziele im Internet und spielen Sie die Dialoge zu zweit.

Entschuldigung! Können Sie mir sagen, wo ... liegt?
Entschuldigung, wissen Sie, wie ich zu ... komme?

links / rechts abbiegen
geradeaus gehen
die Straße überqueren

B Sie kommen aus Hamburg und kennen sich dort gut aus. Ihre Freundin Mareike ist aber zum ersten Mal in Hamburg-Altona, denn sie hat dort zwei Wohnungsbesichtigungen. Sie hat auf dem Parkplatz an der Luruper Hauptstraße in der Nähe des Dahliengartens Hamburg geparkt. Ihr erstes Ziel ist der Grandkuhlenweg. Danach muss sie in die Stadionstraße. Suchen Sie die Ziele im Internet und schreiben Sie ihr eine Nachricht mit den beiden Wegbeschreibungen.

1 WOHNFORMEN

Welche Wohnformen kennen Sie? Schreiben Sie sie in die Mindmap. Markieren Sie mit Farben, ob Sie in diesen Wohnformen gerne (grün), vielleicht (orange) oder gar nicht (rot) wohnen möchten.

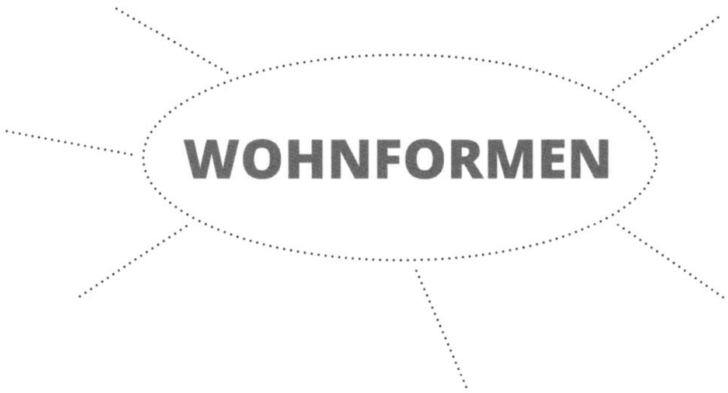

2 WO WOHNEN DIE MENSCHEN?

a) Lesen Sie die Fragen. Hören Sie dann die Texte und kreuzen Sie an.

1 Person 1 ...

R	F	1	studiert.
R	F	2	hat eine eigene Wohnung.
R	F	3	würde viel lieber in einer WG wohnen.

2 Person 2 ...

R	F	4	hat keine Möbel.
R	F	5	sucht gerade eine Wohnung.
R	F	6	genießt seine Freiheit.
R	F	7	will später in einem eigenen Haus wohnen.

3 Person 3 ...

R	F	8	ist Single.
R	F	9	wohnt in einem Dorf.
R	F	10	wohnt in einer günstigen Mietwohnung.
R	F	11	ist mit ihrer Wohnung sehr zufrieden.

4 Person 4 ...

R	F	12	wohnt nicht zur Miete.
R	F	13	hat ein eigenes Haus.
R	F	14	findet ihr Haus gemütlich.
R	F	15	wohnt illegal.

b) Welche Aussage passt zu welcher Person? Ordnen Sie zu. Nicht alle Personen können zugeordnet werden.

1 Ich bezahle Miete.
2 Ich habe manchmal mit der Polizei zu tun.
3 Ich lebe gemeinsam mit anderen Menschen.
4 Ich suche gerade eine Wohnung.

A Person 1
B Person 2
C Person 3
D Person 4

1	2	3	4

3 RELATIVSÄTZE IM NOMINATIV – UMZUG VON BAMBERG NACH HAMBURG

a) Ergänzen Sie die Relativpronomen.

Bamberg

1 Michael ist der Mann, ______ mit Annika zusammen ist.
2 Annika ist die Frau, ______ eine neue Stelle in Hamburg hat.
3 Bamberg ist eine Stadt, ______ in Franken liegt.
4 Hamburg*, das im Norden liegt, ist eine Großstadt.
5 Ein Umzugswagen ist das Auto, ______ für einen Umzug benutzt wird.
6 Eltern und Freunde sind die Menschen, ______ traurig sind, wenn man wegzieht.

*Viele Länder- und Städtenamen haben zwar keinen Artikel, sind aber Neutrum.

b) Ergänzen Sie die Relativsätze mit den Informationen in Klammern. Achten Sie auf die Zeit.

Hamburg

1 Michael ist der Mann, ______ ______. (Annika lieben und sie glücklich machen wollen)
2 Die Frau, ______ ______, heißt Annika. (einen neuen Job als Elektroingenieurin finden)
3 Die Abschiedsfeier, ______ ______, war großartig. (einige Tage vor dem Umzug stattfinden)
4 Das Bier, ______, schmeckt köstlich. (in Bamberg beliebt sein)
5 Bamberg, ______, ist viel kleiner als Hamburg. (nur 73.000 Einwohner haben)
6 Die Elbe ist der Fluss, ______. (durch Hamburg fließen)
7 Die Menschen, ______, sprechen anders als die Menschen, ______ ______. (in Hamburg geboren sein / aus Franken stammen)

4 BILDBESCHREIBUNG

a) Wählen Sie ein Bild aus und beschreiben Sie es. Ihr Partner / Ihre Partnerin errät, um welches Bild es sich handelt.

1

2

3

4

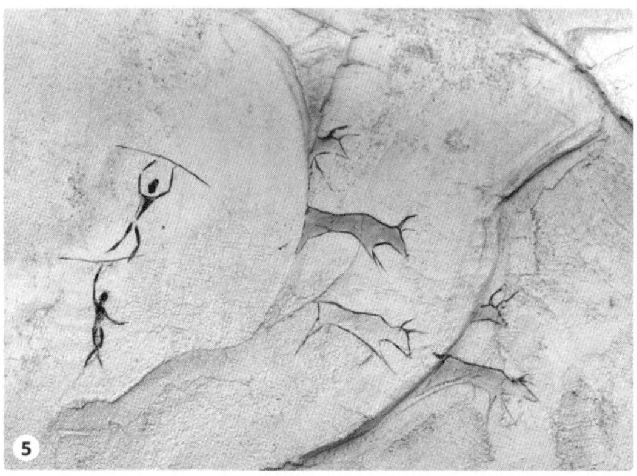
5

6

7

8

b) Wählen Sie ein Bild aus a) und schreiben Sie eine Bildbeschreibung.

5 STADTLUFT MACHT FREI

a) Lesen Sie die Überschrift des Textes und sehen Sie sich das Bild an. Was ist das Thema? Was vermuten Sie?

b) Ordnen Sie den Begriffen die passenden Bedeutungen zu.

1 jdn./etw. (A) regieren
2 die Industrialisierung, /
3 das Eigentum, /
4 die Entsorgung, /
5 der Fürst, -en
6 der Leibeigene, -n

A der Herrscher, -; meist adlig
B der Sklave, -n
C der Besitz, /
D Beginn der Arbeit mit Maschinen für die Produktion (in Deutschland: ab Mitte des 19. Jh.)
E Beseitigung von Abfällen
F Macht haben

1	2	3	4	5	6

c) Lesen Sie den Text und überprüfen Sie Ihre Vermutungen aus a).

FREIHEIT IN DER STADT

„Stadtluft macht frei!" – so lautete ein Satz aus dem Mittelalter (ca. 6. bis 15. Jahrhundert). Auf dem Land regierten damals die Fürsten, die die Menschen dort sehr schlecht behandelten. Die Leute auf dem Land nannte man Leibeigene, denn in den Augen der Fürsten waren sie ihr Eigentum. Die Leibeigenen konnten nichts selbst entscheiden, mussten für die Fürsten arbeiten und ihnen von dem Geld, das sie verdienten, viel abgeben.
Doch in den Städten war die Situation anders. Dort hatten die Fürsten nichts zu sagen, denn die Städte waren unabhängig. Ging ein Leibeigener in die anonyme Stadt, konnte ihn der Fürst nicht mehr finden und ihn auch nicht auf das Land zurückholen. So wurde es zur Regel, dass ein Leibeigener seine Freiheit bekam, wenn er in die Stadt zog. Also zogen viele Landleute in die Städte, weil sie dort endlich frei leben konnten.

Jahrhunderte später wurden die Städte erneut attraktiv für Landleute, denn in der Industrialisierung gründete man dort zahlreiche Fabriken und brauchte deshalb viele Arbeiter. Aus diesem Grund gingen in der Mitte des 19. Jahrhunderts viele junge Menschen in die Stadt. Sie hofften, dort glücklich zu werden – also eine gute Arbeit, eine eigene kleine Familie und eine bessere Zukunft als auf dem Land zu finden. Diese große Bewegung in die Städte führte jedoch auch zu vielen Problemen. Es gab zu wenige Wohnungen für die vielen neuen Stadtbewohner. Auch gab es keine Hilfe für kranke Menschen, denn anders als auf dem Land gab es hier in der Regel keine Familienmitglieder, die sich um eine kranke Person kümmerten. Die Versorgung mit Frischwasser und die Entsorgung von Schmutzwasser und Müll waren ebenfalls problematisch. Bald gab es dann immer mehr Autos, was zu neuen Problemen führte. Die Straßen waren zu klein für so viele Fahrzeuge, es gab viele Unfälle und man brauchte neue Verkehrslösungen, zum Beispiel Straßenbahnen, U-Bahnen und Busse.

Zum Teil gibt es diese Probleme noch heute. Immer mehr Menschen wollen in die Städte ziehen. Vor allem in den deutschen Großstädten gibt es schon fast keine Wohnungen mehr, die eine durchschnittlich verdienende Person bezahlen kann. In manchen Städten ist außerdem die Luft so schlecht, dass viele Leute krank werden. Und wenn man in der Stadt mit dem Auto unterwegs ist, muss man Staus und volle Parkplätze einplanen. Problematisch ist auch, dass die Familien vieler Stadtbewohner noch auf dem Land wohnen. Den jungen Leuten, die auf der Suche nach einem Arbeitsplatz von dort in die Stadt gezogen sind, fehlt also das soziale Netz der Familie. Das kann spätestens bei der Familiengründung zum Problem werden, denn dann können die Großeltern nicht auf die Kinder aufpassen, wenn Kindertagesstätten keine Plätze mehr frei haben oder einfach zu teuer sind.

Trotzdem ziehen immer noch viele Menschen vom Land in die Stadt. Das wird für die Dörfer zum großen Problem. In einigen Regionen gibt es heute Dörfer, die fast keine Bewohner mehr haben. Viele Häuser stehen leer. Das ist schwierig für die, die auf dem Land geblieben sind. Ihnen fehlt jetzt ebenfalls das soziale Netz der Familie. Niemand kann sich um die Dorfbewohner kümmern, wenn sie älter werden und Hilfe brauchen. Auch Ärzte gibt es auf dem Land immer weniger, denn auch die leben lieber in der Stadt als auf dem Land.

d) Bearbeiten Sie die Aufgaben zum Text.

1 Richtig oder falsch? Kreuzen Sie an.

R	**F**	1	Im Mittelalter waren die Menschen auf dem Land frei.
R	**F**	2	Die Fürsten behandelten die Landleute wie ihr Eigentum.
R	**F**	3	In der Stadt mussten die Leibeigenen nicht mehr für ihre Fürsten arbeiten.
R	**F**	4	Um 1950 zogen viele junge Menschen in die Stadt.
R	**F**	5	In den Städten gab es Wohnungsnot.
R	**F**	6	Auf den zu kleinen Straßen konnte kein Auto fahren.
R	**F**	7	In den Großstädten gibt es auch heute wenige Wohnungen, die sich eine Person mit durchschnittlichem Einkommen leisten kann.
R	**F**	8	Im Stadtverkehr gibt es Staus und volle Parkplätze.
R	**F**	9	Junge Menschen ziehen für die Arbeit vom Land in die Stadt.
R	**F**	10	In manchen ländlichen Gegenden haben alte Leute ein Problem.

2 Welche Aussage stimmt? Kreuzen Sie an.

1 Was mussten die Menschen auf dem Land im Mittelalter nicht machen?

- **A** für die Fürsten arbeiten
- **B** den Fürsten Geld geben
- **C** in die Stadt ziehen

2 Was sagt der Text über die Landesfürsten?

- **A** Sie hatten die Macht in der Stadt.
- **B** Sie herrschten über die Leute in den Dörfern.
- **C** Sie waren unabhängig von den Städten.

3 Was war keine Folge der Industrialisierung?

- **A** Arbeitslosigkeit
- **B** Wohnungsnot
- **C** Verkehrsprobleme

4 Welche heutigen Probleme in der Stadt nennt der Text?

- **A** Arbeitslosigkeit, Wohnungsnot, Verkehrsprobleme
- **B** Luftverschmutzung, Wohnungsnot, Arbeitsmöglichkeiten
- **C** Wohnungsnot, Luftverschmutzung, Verkehrsprobleme

5 Welches Problem gibt es heute teilweise auf dem Land?

- **A** Wohnungsnot
- **B** Verkehrsprobleme
- **C** Probleme mit der medizinischen Versorgung

6 LANDLUST – STADTFRUST

a) Was bedeuten die Begriffe *Landlust, Landfrust* und *Stadtflucht*? Was vermuten Sie? Sprechen Sie im Kurs.

b) Hören Sie die Texte. Welcher Begriff aus a) passt zu welcher Person / welchen Personen?

1 Alexandra und Christian ____

2 Jochen ____

3 Ernst ____

c) Hören Sie die Texte erneut. Richtig oder falsch? Kreuzen Sie an.

Alexandra und Christian

R	F	1	Alexandra und Christian hatten in Berlin nur wenig Freizeit.
R	F	2	Alexandra war zufrieden mit ihrem Leben in der Stadt.
R	F	3	Christian war einverstanden, aufs Land zu ziehen.
R	F	4	Vor einem Vierteljahr haben sich Alexandra und Christian ineinander verliebt.
R	F	5	Alexandra und Christian leben jetzt auf dem Bauernhof der Großmutter.
R	F	6	Einige Tage pro Woche müssen Alexandra und Christian nicht ins Büro fahren.

Jochen

R	F	7	Jochens Elternhaus ist 100 Jahre alt.
R	F	8	Jochen ist Landwirt, hat einige Kühe und Felder.
R	F	9	Jochens Frau hat ein gutes Verhältnis zu ihrer Schwiegermutter.
R	F	10	Jochens Vater wird bald in ein Heim umziehen.
R	F	11	Jochen kennt den Namen von jedem Dorfbewohner.

Ernst

R	F	12	Ernst kann Köln mit den öffentlichen Verkehrsmitteln gut erreichen.
R	F	13	Zum letzten Mal war Ernst vor einem Jahr in der Stadt.
R	F	14	Das Haus ist eigentlich zu groß für Ernst.
R	F	15	Die Kinder von Ernst besuchen ihn oft auf dem Land.
R	F	16	Die Nachbarn sieht Ernst selten.
R	F	17	Ernst möchte gerne bald in die Stadt ziehen.

7 WO WOLLEN WIR WOHNEN? STADT ODER LAND?

a) Annika und Michael ziehen um. Vor dem Umzug diskutieren sie, wo sie wohnen wollen. Annika ist für eine Wohnung im Grünen, irgendwo am Stadtrand oder auf dem Land. Aber Michael möchte lieber zentral in der Stadt wohnen. Ordnen Sie die Argumente mithilfe der Stichpunkte. Ergänzen Sie eigene Argumente.

Stress | Erholung | Miete | Natur | Ruhe | zu Fuß unterwegs | Restaurants | eigenes Auto | frische Luft | Weg zum Arbeitsplatz | Einkaufsmöglichkeiten | Garten | Anonymität | öffentliche Verkehrsmittel | kulturelles Angebot | Verkehrschaos | Funklöcher | Nachtleben

pro Stadt	pro Land
kontra Land	**kontra Stadt**

b) Arbeiten Sie zu zweit. Wählen Sie eine Rolle und spielen Sie die Diskussion zwischen Annika und Michael. Worauf einigen Sie sich: Stadt- oder Landleben? Benutzen Sie auch die Redemittel für mündliches Diskutieren aus dem Kursbuch.

c) Wo ist es besser zu leben: in der Stadt oder auf dem Land? Schreiben Sie eine Stellungnahme. Gehen Sie dabei auf folgende Punkte ein:

- Vor- und Nachteile von Stadt und Land
- Ihre persönliche Meinung

8 HEIRATEN – JA ODER NEIN?

a) Sollte man heutzutage überhaupt noch heiraten? Sammeln Sie allgemeine Pro- und Kontra-Argumente und überlegen Sie, was Ihre persönliche Meinung zum Thema Heiraten ist. Recherchieren Sie auch im Internet, was deutschlandspezifische Vorteile sein könnten.

pro	kontra

Persönliche Meinung:

b) Schreiben Sie eine Gliederung für Ihre Stellungnahme.

Einleitung — Idee für Einleitungssatz und Thema:

Zentrale Frage:

Hauptteil — dafür/dagegen
-
-
-

dagegen/dafür
-
-
-

nicht gleich

passt zusammen

Schluss — Antwort auf zentrale Frage: Ich bin ☐ für ☐ gegen Heiraten.

Idee für Schlusssatz:

c) Schreiben Sie eine Stellungnahme. Schreiben Sie über:
- Pro- und Kontra-Argumente
- Ihre eigene Meinung mit Begründung

9 STÄDTE-PROJEKT

a) Arbeiten Sie in Gruppen von drei bis fünf Personen und stellen Sie eine Stadt vor. Orientieren Sie sich an der Gliederung und nutzen Sie auch die Redemittel für Präsentationen aus dem Kursbuch.

Schritt 1: Wählen Sie eine Stadt aus (eine deutsche Stadt oder eine Stadt in einem anderen Land).
Achtung: Sagen Sie den Namen der Stadt nur dem Lehrer / der Lehrerin! Die anderen sollen später raten, welche Stadt es ist.

Schritt 2: Suchen Sie drei bis sechs interessante/lustige/besondere Informationen über die Stadt im Internet (typisch für diese Stadt, Geschichte, Sport, berühmte Personen, Sehenswürdigkeiten, besondere Feste, Spezialitäten etc.).

Schritt 3: Bereiten Sie eine Präsentation über die Stadt vor (Dauer: ca. 5 Minuten). Gliedern Sie die Präsentation in drei Teile: Einleitung, Hauptteil (3 bis 6 Informationen) und Schluss.
Achtung: Jedes Gruppenmitglied übernimmt einen Teil der Präsentation. Einigen Sie sich in der Vorbereitungsphase, wer was in welcher Reihenfolge vorstellt und wer für die Einleitung und den Schluss verantwortlich ist.

Einleitung	• Begrüßung • Thema nennen: „eine Stadt“ (Namen nicht verraten!) • Land nennen
Hauptteil	• 3 bis 6 Informationen über die Stadt (verschiedene Sprecher) • ... • ... • ... • ... • ... • ...
Schluss	• Abschluss: Welche Stadt war das? + Auflösung • Dank an die Zuhörer • Fragen klären

b) Halten Sie die Präsentationen im Kurs. Die anderen hören zu und raten, welche Stadt Sie vorstellen.

10 RELATIVSÄTZE IM NOMINATIV, AKKUSATIV UND DATIV

a) Ergänzen Sie die Artikel und die Relativpronomen.

1 Ist das ______ Musical, ______ Andrew Lloyd Webber komponiert hat?

2 Das ist ______ größte Liebesgeschichte, ______ sie je auf die Bühne gebracht haben.

3 Annika und Michael, ______ Tante Lina zur neuen Wohnung gratuliert, freuen sich.

4 ______ Imbissbude, ______ Currywurst und Pommes verkauft, ist gut besucht.

5 ______ Online-Reiseportal, ______ die Menschen vertrauen, gibt gute Empfehlungen.

6 ______ Heiratsantrag, ______ ich abgelehnt habe, war sowieso nicht ernst gemeint.

7 ______ Restaurant, ______ wir ausgewählt haben, ist ziemlich leer.

8 ______ Hamburger Hafen, ______ bei Touristen sehr beliebt ist, ist eine große Attraktion.

9 ______ Karten, ______ du dir wünschst, sind sehr teuer.

10 ______ Musical *Dirty Dancing*, ______ du gern sehen möchtest, läuft nicht mehr.

b) Formulieren Sie einen Hauptsatz mit Relativsatz. Der zweite Satz wird der Relativsatz.

1 Das Musical heißt *Die Liebe stirbt nie*. Es endet nicht gut.

______

2 Die Cocktails in dem Club schmecken super. Wir haben ihn zufällig entdeckt.

______

______

3 Michael ist ein Mann. Annika vertraut ihm.

______

4 Michael will Annika noch nicht heiraten. Annika wünscht sich eine Familie.

______

______

5 Michael interessiert sich nicht fürs Heiraten. Er hat nur Fußball im Kopf.

______

______

6 Annika und Michael lieben sich. Sie haben unterschiedliche Meinungen.

______

______

7 Annika freut sich auf Hamburg. Ihr gefallen Musicals.

______

8 Im Hamburger Hafen gibt es ein Theater. Man hat das Theater 1994 eröffnet.

9 Annika und Michael freuen sich auf die neue Wohnung. Viele Leute helfen ihnen beim Umzug.

10 Die Leute lachen und tanzen. Die Leute wurden zur Einweihungsparty eingeladen.

11 RELATIVSÄTZE – BAMBERG UND HAMBURG

Ergänzen Sie die Relativpronomen.

Bamberg, ______ (1) in Oberfranken liegt, hat eine über tausendjährige Geschichte. Durch die Stadt fließt die Regnitz, ______ (2) sich in zwei Arme teilt. Die Altstadt, ______ (3) sehr romantisch aussieht, lockt viele Touristen nach Bamberg. Sie liegt auf der Insel zwischen den beiden Regnitzarmen. Der Bamberger Dom, ______ (4) man westlich davon findet, und einige andere Gebäude, ______ (5) historisch bedeutsam sind, stehen auf dem Domberg. Viele Touristen, ______ (6) vor allem das alte Rathaus, der Dom und das Kloster gut gefallen, machen nach der Stadtbesichtigung eine Pause im Biergarten, denn Bamberg ist ein Ort, ______ (7) viele verschiedene Biersorten hat. Jemand, ______ (8) Bier nicht schmeckt, kann auch den Frankenwein probieren. Dieser wird in einer typischen, bauchigen Weinflasche verkauft, ______ (9) man den Namen *Bocksbeutel* gegeben hat.

Hamburg, ______ (10) in Norddeutschland liegt, ist ein Stadtstaat, d.h. Hamburg ist gleichzeitig eine Stadt und eines der sechzehn Bundesländer. Die Stadt, ______ (11) die zweitgrößte Deutschlands ist, hat 1,79 Millionen Einwohner. Eine Person, ______ (12) Großstädte gefallen, kann hier viel sehen, deshalb ist Hamburg eine Stadt, ______ (13) viele Touristen besuchen. Der Hafen, ______ (14) der größte Seehafen Deutschlands ist, ist besonders sehenswert. Oder man kauft Karten für ein Musical. Das Musical, ______ (15) die Stadt die meisten Touristen verdankt, ist *König der Löwen*. Aber es gibt noch mehr Dinge, ______ (16) man machen kann. Touristen, ______ (17) schon alles gesehen haben, können ein leckeres Fischbrötchen essen und dazu ein Alster trinken.

1 NEBENSÄTZE – TATORT

Ergänzen Sie.

als | bevor | bis | da | ob | obwohl (2x) | seit(dem) | während | weil | wenn (2x)

Heute ist Sonntag. Immer _____ (1) Sonntag ist, schauen Annika und Michael gemeinsam den *Tatort*. _____ (2) die beiden eher wenig fernsehen, sind sie richtige *Tatort*-Fans. _____ (3) sie die Sendung das erste Mal gesehen haben, wollen sie auf keine Folge verzichten. _____ (4) die *Tagesschau* vorbei ist, machen es sich Annika und Michael mit Bier und Chips auf der Couch gemütlich. Mit der berühmten Titelmusik geht es los. Diese hat sich seit der Erstausstrahlung im Jahr 1970 nicht verändert. _____ (5) die Einschaltquote der *Tatort*-Reihe sehr hoch ist, ist an ein Ende der Krimiserie gar nicht zu denken. Aber _____ (6) Annika gesehen hat, wo der *Tatort* diese Woche spielt, wusste sie nicht, _____ (7) sie sich freuen sollte. Es ist ausgerechnet Hamburg! _____ (8) Annika es interessant findet, Szenen aus ihrer neuen Heimatstadt im Fernsehen zu sehen, gibt es doch ein Problem: Sie mag Til Schweiger in seiner Rolle als Hamburger *Tatort*-Kommissar einfach nicht. Michael dagegen ist begeistert, _____ (9) es mit Schweiger viel Action gibt. _____ (10) Michael also gespannt zuschaut, muss Annika bereits gähnen. Zu viel Action langweilt sie. _____ (11) der *Tatort* zu Ende ist, sind es noch mehr als dreißig Minuten. Aber _____ (12) sie ins Bett geht, möchte sie doch noch unbedingt wissen, wer der Mörder ist!

2 ADJEKTIVENDUNGEN – WER IST DAS?

Ergänzen Sie die Endungen und beantworten Sie die Frage.

Sie hat dunkelblond___ (1) Haare und blau___ (2) Augen und ist im schön___ (3) Hamburg geboren, im hoh___ (4) Norden also. Ihr persönlich___ (5) Sternzeichen ist Krebs, denn sie ist am siebzehnt___ (6) siebt___ (7) neunzehnhundertvierundfünfzig (17.07.1954) geboren. Ihr Vater war evangelisch___ (8) Theologe. Sie ist eine verheiratet___ (9) Frau, ihr zweit___ (10) Mann heißt Joachim Sauer. Sie hat ein schwierig___ (11) Studium absolviert: Physik. Dieses naturwissenschaftlich___ (12) Studium hat sie fortgesetzt und einen Doktortitel erworben. Sie hat eine beeindruckend___ (13) politisch___ (14) Karriere gemacht. Seit 1990 ist sie Mitglied des deutsch___ (15) Bundestags. Von 2000 bis 2018 war sie Bundesvorsitzende der CDU, der Christlich Demokratisch___ (16) Union Deutschlands. Heute lebt und arbeitet sie in der weltoffen___ (17) Millionenstadt Berlin, die auch die deutsch___ (18) Hauptstadt ist.

Wissen Sie, wer das ist? _______________

3 KOMPARATIV UND SUPERLATIV

Ergänzen Sie das Adjektiv und ggf. den Artikel in der richtigen Form.

1 viel:

In Berlin leben ______ Menschen, aber in London leben noch ______ Menschen, und ______ Menschen leben in Mexiko-Stadt.

2 hoch:

Der Berliner Fernsehturm ist ein ______ Gebäude, aber der Moskauer Ostankino-Turm ist ein noch ______ Gebäude, und der Burj Khalifa in Dubai ist ______ Wolkenkratzer der Welt.

3 teuer:

Zimt ist ein ______ Gewürz, aber Vanille ist ein noch ______ Gewürz, und Safran ist ______ Gewürz der Welt.

4 lang:

Der Rhein ist ein ______ Fluss, aber die Donau ist ein noch ______ Fluss, und der Nil ist ______ Fluss der Welt.

4 PRÄTERITUM, ENDUNGEN, ARTIKEL, *ZU*-INFINITIV – BESUCH IM TIERPARK

Ergänzen Sie die fehlenden Artikel, die Endungen und die Verben. Die Geschichte spielt in der Vergangenheit. Verwenden Sie das Präteritum, wo es möglich ist.

(1) Annika und Michael ______ (entscheiden) sich letzte Woche, in den Tierpark ______ ______ (gehen). (2) Er ______ (heißen) Tierpark Hasendeck und ______ (sein) nicht weit entfernt. (3) Sie ______ (nehmen) Michaels Neff___ Jan mit, der sie an diesem Wochenende ______ (besuchen). (4) Jan ______ (haben) große Lust darauf, sich alle Tiere genau ______ (ansehen). (5) Am meisten ______ er ______ (sich freuen) auf den Löw___.

(6) Einen Grizzlybär___, das Lieblingstier von Jan, ______ (geben) es leider nicht, aber dafür ______ (haben) die Elefant___ gerade Nachwuchs. (7) Jan ______ (wollen) das Baby ______ Elefantenmutter am liebsten mit nach Hause nehmen. (8) Annika dagegen ______ (hoffen) darauf, die neugeborenen Aff___ ______ ______ (sehen). (9) Aber so viele Mensch___ ______ (stehen) vor dem Käfig, dass es kaum eine Chance ______ (geben), etwas ______ ______ (sehen). (10) Mittags ______ (bitten) Jan darum,

sich ein Eis ___ ___ ___ (holen dürfen). (11) Die Eistüte ___ Jung___ ___ (sein) riesig, aber Jan ___ (warnen) seinen Onkel davor, ihm etwas ___ (wegessen). (12) Das Ende ___ Ausflug___ ___ (nahen). (13) Aber der Preis ___ Eintrittskart___ ___ (sein) gar nicht so hoch, sodass die drei ___ (beschließen), den Tierpark auf jeden Fall noch einmal ___ ___ (besuchen).

5 REFLEXIVPRONOMEN – MICHAELS VORSTELLUNGSGESPRÄCH

Ergänzen Sie die fehlenden Reflexivpronomen.

(1) Heute lässt ___ Michael viel Zeit. Und das, obwohl er ein Vorstellungsgespräch hat! (2) Letzten Montag hat er Annika eröffnet: „Ich habe ___ nochmal bei fünf Firmen beworben! Und zwei davon haben mich zum Vorstellungsgespräch eingeladen!" (3) Seine Mutter hat ___ auch gefreut, als er ihr die Nachricht am Telefon überbracht hat. (4) „Ihr müsst ___ vorbereiten!", war die erste Reaktion. (5) „Du musst ___ über die Firmen informieren und mit Annika ein Vorstellungsgespräch simulieren!" (6) Jetzt fühlt ___ Michael fit für das echte Gespräch.

(7) Zuerst rasiert er ___ gründlich. (8) Dann duscht er ___ mit seinem Lieblingsduschgel und wäscht ___ die Haare. (9) Er trocknet ___ ab und zieht ___ an. (10) Annika kommt ins Schlafzimmer: „Warum lässt du ___ denn so viel Zeit?", fragt sie ungeduldig. (11) „Ich dachte, du musst ___ beeilen! (12) Und ich muss ___ schließlich auch noch schminken." (13) Michael lächelt: „Komm, wir frühstücken erst einmal! Ich koche ___ jetzt einen Kaffee und schmiere ___ ein Brötchen. Mein Termin ist erst um zehn. (14) Ich muss ___ also gar nicht beeilen." (15) Annika schüttelt den Kopf: „Na, du hast es gut. Ich putze ___ jetzt noch die Zähne und schminke mich ganz schnell, dann mache ich ___ auf den Weg ins Büro. Ich wünsche dir viel Glück! (16) Wir unterhalten ___ dann heute Abend darüber, wie es gelaufen ist."

6 VERBEN UND ADJEKTIVE MIT PRÄPOSITIONEN – NACH DEM GESPRÄCH

Ergänzen Sie die Präpositionen.

Michael war erfolgreich! Er hat das Jobangebot bekommen. Am Abend unterhalten sich Michael und Annika ___ (1) das Vorstellungsgespräch. Zuerst erzählt Michael ___ (2) den Fragen, die der Chef ihm gestellt hat. Annika hört zu und fragt Michael auch ___ (3) den Konditionen, die man ihm angeboten hat. Sie interessiert sich natürlich auch ___ (4) Michaels Arbeitszeiten und sein Gehalt. Schließlich hat er sich ___ (5) eine Stelle als Meister beworben. Aber Michael meint, sie soll nicht immer nur ___ (6) das Geld denken. Annika ärgert sich ___ (7) diesen Vorwurf. Doch

Michael entschuldigt sich gleich ______ (8) ihr. Er weiß, dass Geld auch wichtig ist, und protestiert auch nicht ______ (9) den Vorschlag, noch einmal ______ (10) dem Chef ______ (11) das Gehalt zu sprechen. Schließlich will er nicht ______ (12) Annika streiten. Aber Annika ist schon nicht mehr böse ______ (13) Michael und fragt ______ (14) Details zur Firma. Die Firma ist bekannt ______ (15) ihre individuellen Möbel, v.a. junge Leute sind ______ (16) dem individuellen Design begeistert. Michael ist dankbar ______ (17) die Chance, die er in diesem großen Unternehmen bekommt. Er ist gespannt ______ (18) seine neuen Aufgaben. Aber jetzt sind die beiden müde nach dem langen Tag und freuen sich ______ (19) ihr Bett.

7 ARTIKEL UND PRONOMEN – EINKAUFEN

Ergänzen Sie Artikel und Pronomen. Mehrere Lösungen sind richtig.

deine | der | die | dieser (3x) | eine | etwas (2x) | irgendetwas | jeder | jener | meine | unseren | was für einen | welcher

Heute wollen Annika und Michael ein paar neue Möbel und andere Kleinigkeiten für ______ (1) neue Wohnung kaufen. „Guck mal, Michael, ______ (2) Schrank hier ist toll." „Ach Annika, der ist doch fast wie ______ (3), den wir in Bamberg auf den Sperrmüll gebracht haben. Lass uns doch lieber ______ (4) anderes aussuchen." Da kommt ______ (5) Verkäuferin auf die beiden zu. ______ (6) Schrank suchen Sie denn? Einen mit Schwebetüren?" Annika nickt begeistert. „Aber er muss auch einen Spiegel haben, so wie ______ (7) hier. Oder ______ (8) Schrank gefällt dir, Micha, von denen, die du hier siehst?" „Also, wir möchten natürlich auch ______ (9), was nicht ______ (10) hat." Micha kratzt sich am Kopf. „Haben Sie nicht ______ (11) Individuelles?" Nach einer Stunde sind die beiden ratlos. ______ (12) Schrank gefällt Annika nicht, ______ (13) ist nicht Michaels Geschmack. Schließlich lässt sich Michael kopfschüttelnd auf ein Sofa fallen. „Weißt du, was für unsere Zufriedenheit sorgen wird, für ______ (14) und ______ (15)?" Annika sieht ihn fragend an. „Ich baue ______ (16) Schrank einfach selbst. Ich kann die Werkstatt bestimmt auch nach Feierabend nutzen." Annikas Gesicht hellt sich auf. „Eine super Idee!"

8 *SCHON, ERST, NOCH, NUR*

Ergänzen Sie *schon*, *erst*, *noch* oder *nur*.

1 Deine Wohnung ist überhaupt nicht weit entfernt. Ich habe ______ fünf Minuten gebraucht.

2 Hast du ______ meine neue E-Mail-Adresse?

3 Darfst du überhaupt Bier trinken? Du bist doch ______ fünfzehn!

4 Ich lerne erst seit einem Monat Spanisch. Aber im Urlaub habe ich ______ viel verstanden.

5 Hast du ________ einen Kugelschreiber? Meiner schreibt nicht mehr.

6 Ich habe heute ________ nichts gegessen. Langsam hab' ich richtig Hunger!

7 Ich jogge heute ________ drei Kilometer. Ich habe nämlich Muskelkater.

8 Habt ihr ________ den neuen Film von Clint Eastwood gesehen?

9 Annika hat Kopfschmerzen. Aber sie hat ________ keine Tablette genommen. Sie hat ________ Aspirin® gekauft, aber sie will ________ abwarten, ob der Schmerz nicht von allein verschwindet.

10 Michael hat heute ________ um sieben Feierabend. Annika hat ________ früher frei. Sie arbeitet ________ seit sechs Monaten für die neue Firma, aber man hat sie ________ befördert. Freitags muss sie immer ________ 6 Stunden arbeiten.

11 Früher musste Michael auch am Wochenende arbeiten, jetzt muss er ________ ________ von Montag bis Freitag zur Arbeit gehen.